江恩角度线与时空有序

——量化交易的自然科学基础

马宏昇　谢　岭　著

 ＋  ＋

几何分析系统　　　　实战操盘系统　　　仓位控制决策系统

经济管理出版社
ECONOMY & MANAGEMENT PUBLISHING HOUSE

图书在版编目（CIP）数据

江恩角度线与时空有序：量化交易的自然科学基础/马宏昇，谢岭著 .—北京：经济管理出版社，2023.1

ISBN 978-7-5096-8946-2

Ⅰ.①江… Ⅱ.①马… ②谢… Ⅲ.①证券投资—研究 Ⅳ.①F830.91

中国国家版本馆 CIP 数据核字（2023）第 022125 号

组稿编辑：杨国强
责任编辑：杨国强
责任印制：张莉琼
责任校对：陈　颖

出版发行：经济管理出版社
　　　　　（北京市海淀区北蜂窝 8 号中雅大厦 A 座 11 层　　100038）
网　　　址：www. E-mp. com. cn
电　　　话：（010）51915602
印　　　刷：唐山昊达印刷有限公司
经　　　销：新华书店
开　　　本：720mm×1000mm/16
印　　　张：11. 75
字　　　数：156 千字
版　　　次：2023 年 3 月第 1 版　　2023 年 3 月第 1 次印刷
书　　　号：ISBN 978-7-5096-8946-2
定　　　价：48.00 元

序　言

金融长波——生长与演化的实证科学

在当今整个金融领域的研究中，通过价值投资和价值挖掘，乃至通过其他一些文科类的研究手段解析金融市场波动问题，是当前整个金融界的主流。依托金融物理学而兴起的金融研究学派，已经开创了研究金融现象中数学问题的先河，并将自然科学领域的自组织思想和分型思想引入金融研究，这是非常大的进步。迄今为止，金融物理学领域特别是金融生长的金融曲线，它的生长演化是否可以创建一门数学乃至新的理科类型的数学模式以解构金融波动，在全国乃至全世界依然是一个空白。

分型研究是一个重要的进步，这套系统认为金融波动有其内在的一些逻辑和规律，并试图用高等数学来研究、破译其中的一些秘密。但分型研究至今无法突破的一个重要命题是无法对长达几十年甚至上百年的金融波动现象进行全时空、立体多维的解构，并创建出一套数学系统让它对金融波动进行规范规划乃至预见其未来的波动法则，因此我们认为，分型研究仅仅是将高等数学的思想引入金融研究，还只是一个开始。

那么，关于金融波动现象能否创立一门新的学科来解构它过去百年的波动，并指导甚至预测出其未来的生长演化规则？答案是肯定的，因为随着老三论乃至近代新三论逐步被自然科学研究成果突破，特别是普里高津耗散结构理论的创建，以及新三论、控制论乃至一些宇宙生长演化的、新的自然科学进步和理论研究基础，已经为我们破译了一个开放的系统、一个复杂的系统，它在生长与演化之间搭建起了一座桥梁。

金融市场是一个复杂的开放系统，它的生长演化，可以将耗散结构理论、老三论、新三论融合进去，从而形成一门关于金融波动的全新学科：金融波动——生长与演化。

本书将笔者近20年，特别是近两年的一些突破性研究成果与金融市场波动实证研究结合起来，在趣味和实战以及科学间搭建一座桥梁，因此本书的前半部分相对有趣，即新三论和老三论对金融市场的一些现象的破解及研究。

本书的后半部分将结合上证指数、国际黄金以及其他重点指数的波动，与前文理论相结合，进行实战操作。主要是对江恩角度线中的数学比例进行深入的解构与研究，从而寻找一个有效的研究工具，进而证明前半部分所列举的自然科学研究的有效性、可持续性、可实证性，乃至可预测性。

实质上，金融曲线是无数个体参与的开放系统，金融曲线的波动有其内在规律。只有承认并发现了这些规律，才有可能进一步地做量化交易的研究和网格交易系统设计。从这个意义上说，本书实际上是基础的自然科学研究，或者不妨进一步将本书理解为"前传"，即本书交易新系统的"前传"。

如果读者能够发现金融波动中的内在自然法则，那么在真正交易时会发现市场中的大师不是凭交易量衡量，不是凭传统技术指标达成，而是通过对自然波动法则内在破解而达成的。这个认识只要一天不达成，实战交易就不会有更大格局和更高认知。

本书依托理论系统，结合20多年的实战交易经验和教训，开发出一套以江恩角度线为尺子的网格交易系统，相关内容将会和相关机构联合通过视频教材的形式推出，敬请关注。

目　录

第三部分　时空有序的数学结构与
量化交易实战初步

第一部分

时空旋回理论的自然科学溯源

第一章 金融市场波动与耗散结构

——证券市场波动的自然法则初探

金融市场波动可以认识吗？

金融市场波动到底有没有规律可循？

技术分析流派能否脱胎换骨，成为一门科学？

能否建立一套公理定理，如同描述行星运行一样用来描述股票市场价格波动的运行轨迹？

本书以耗散理论、金融学、经济学等现代科学研究成果为依据，以实战为目标，以问题为导向，以破解国内全部证券交易品种乃至国内生产总值（GDP）、物价指数等一切由无数决策体独立参与的、经济活动类开放系统的、波动曲线运行的内部规律为目标，吸收江恩理论角度线、数学黄金三角等研究成果，吸收艾略特波浪理论以及分型理论的精华，参考 BBI 以及 LWR 等传统技术分析指标，最终建立起一套全新的证券交易几何分析系统、实战操盘系统与仓位控制决策系统。

一、宏观有序是证券市场运动的本质特征

花开花落自有时；日月之行，若出其中；星汉灿烂，若出其里。人类历史与社会进步的巨浪汹涌澎湃……

然而人类才刚刚踏上科学的进步之阶，如幼稚的孩童，在自然法则的引领下去探索，去发现，去创造。科学的光芒必将引导人类由洪荒伊始进入自由王国。

天地间，人为贵。人是自然演化的必然，人是历史发展的根本动力，人的因素是决定性的因素。

人的自由根植于人对自然界和社会现象的科学研究及勇敢探索，自牛顿创立运动定律以来，人们把个体、有限群体、星球或星系等作为研究对象，取得了丰富的研究成果。今天，人类依靠数学系统把人造卫星送入茫茫太空，令宇宙飞船沿着严格的轨道运转并在某个准确地点着陆。尽管牛顿力学可以扩展到无限的个体运动，但它本质上是以有限个、静态、没有生命个体的简单运动作为研究对象，依旧属于机械唯物主义的理论。爱因斯坦相对论所研究的对象也属于简单运动范畴，相对论比机械唯物主义更强调广泛联系。20世纪中叶以后，人们开始关注类似证券市场等由多个相互影响的主体参与的复杂开放系统。在这样的系统中，它首先有数量众多且动态变化的个体，每个个体也各自具有独一无二的生命力和轨道，它们之间相互运动，彼此联系，又构成复杂的整体运动。个体和整体间出现了相互广泛联系。这样的系统叫作复杂开放系统，这既是一切的开始，也是检验一切科学研究的归宿。

金融市场是一个典型的、开放的、精致的复杂运动的例子。对复杂运动的研究是 20 世纪开创的最伟大的科学活动之一，目前正处于方兴未艾之时，前景十分广阔。它是揭示生物进化、社会进化、宇宙进化和一系列化学、物理进化的强大的科学工具。现代人类社会对复杂运动的研究成果集中体现在普里高津提出的耗散结构理论中。1977 年，当被誉为现代热力学的奠基人、比利时布鲁塞尔学派著名统计物理学家普里高津，以其创立的耗散结构理论摘取当年诺贝尔化学奖桂冠时，这一伟大的时刻终于到来了。

人类清楚地认识到，普里高津所创立的耗散结构理论对于整个自然乃至社会科学产生的划时代重大影响，远远超出了一次诺贝尔奖的价值。普里高津和他同事建立的耗散结构理论，准确地抓住了如贝纳德水花、B-Z 化学波和化学振荡反应以及生物学演化周期等自发出现有序结构的本质，使用了"自组织"的概念，并且用该概念描述了那些自发出现或形成有序结构的过程，从而在"存在"和"演化"两种科学之间、两种文化之间架起了一座桥梁。

耗散结构理论除在化学、物理学、生物学以及其他自然科学中都有重要的应用外，也对社会科学的发展产生了重大影响。美国著名未来学家 A. 托夫勒（Toffler）在《第三次浪潮》一书中指出，耗散结构理论"直接打击了第二次浪潮的假设，是第三次浪潮引起的'思想领域的大变动'的重要标志之一"[①]。他甚至认为，耗散结构理论可能代表了下一次科学革命。

---

① 阿尔温·托夫勒. 第三次浪潮［M］. 朱志森，潘琪，张炎译. 北京：生活·读书·新知三联书店，1983.

二、无数生命运动的自组织形态——耗散结构

（一）贝纳德水花

1900 年，法国学者贝纳德（Benard）观察到，将一个平坦的锅里盛上一薄层水，当在锅的下面慢慢均匀加热，开始时，锅内会出现一些不规则运动的小气泡，随着热量的增加气泡增多，当达到一临界值的时候，原来不规则运动的气泡突然变成了有规则的、呈六角形翻转的花纹，而这些花纹又组成一个个美丽的图案，这就是著名的贝纳德水花，如图 1-1 所示。

图 1-1　贝纳德水花

表面上看，贝纳德水花并没有多大的惊奇之处，但如果我们深入思考，

是什么力量让这些无生命的水分子突然间"自发地"出现了规则运动？各处的液体分子如何协调它们的动作，造成规整的上升区和下降区交替排列的图案呢？这些无生命的东西为什么会出现一些有生命的特征？当给水加热的时候，它的水花应是杂乱无章的，那么，当你看见那些水花突然自发地出现了规则的图案，并且呈有序运动时，你是否会惊奇，并认为那是上帝的杰作，是否看到了生命中最原始的基因？这个实验似乎让我们看到了无数水分子后面那只无形的自然之手……

（二）云街

在一般情况下，云团的运动杂乱无章，是无序的运动。但在一定条件下，平常无规则的云团突然会像步兵排队一样，形成整齐的"队列"、有序结构，这就是云街，如图1-2所示。

图1-2　云街

贝纳德水花、云街，还有B-Z化学波、化学振荡反应以及生物学演化周期等现象像谜一样横亘在人类面前……

一切的一切都说明，在存在"非常非常多"的个体、每个个体是有生命力而且相互影响的开放系统中，个体和整体间出现了相互关联的因果联系；它们间的相互影响导致庞大群体自身无序运动，结果导致了宏观上的有序，自发出现了有序的结构，无数的个体出现了"自组织"！

普里高津在《结构、耗散和生命》中给出如下定义：在开放和远离平衡的条件下，在与外界环境交换物质和能量的过程中，通过能量耗散过程和内部非线性动力学机制而形成和维持的宏观时空有序结构即为"耗散结构"①。

耗散结构理论的提出，是人类科学发展史上首次把研究深入到探求相互影响的庞大数量个体的宏观运动的规律层面，对于社会科学、人类发展、经济运动研究有着不可估量的意义！

三、证券市场具有典型的耗散结构特征

普里高津在研究了大量系统的自组织过程后，总结、归纳得出系统形成有序结构需要下列条件：

（一）系统必须开放

开放的系统，通过与外界交换物质和能量，可以从外界获取负熵以抵消自身熵的增加，从而使系统实现从无序到有序、从简单到复杂的演化，而且无限的时间和空间会赋予存在、协同、演化以无限的可能性。无数的个体和经济组织为了利益进入证券交易市场，为系统提供最大的开放环境，每只金融交易品种得以从外界吸收新的交易者进入系统（维持自己的演化形态，以

---

① 普里高津. 结构、耗散和生命［R］. 理论物理与生物会议，1969.

得到新资金青睐者，从而演化为有序的上升形态，比如贵州茅台）用其内在巨大的现金创造能力和垄断性的核心竞争力吸引大量资金进入，演化为有序的上升结构，而当年发行的大量认沽权证由于内在价值的欠缺及开放性系统提供的资金流出的方便性，走出了有序的下降驱动结构，在以后章节中会详细地给出详细的几何结构。

（二）远离平衡态

远离平衡态是系统出现有序结构的必要条件，也是对系统开放的进一步说明。开放系统在外界作用下离开平衡态，开放逐渐加大，外界对系统的影响逐渐变强，将系统逐渐从近平衡区推向远离平衡的非线性区，只有这时才可能形成有序结构，否则即使开放也无济于事。金融市场由于信息的不对称性和交易者时而高涨时而低落的情绪，使交易标的价格经常偏离其内在价值，造成不平衡状态。

（三）非线性相互作用

组成系统的子系统间存在着相互作用，一般来讲，这些相互作用是非线性的，不满足叠加原理。证券市场各个交易主体之间、不同国家宏观经济政策与经济数据之间、分析师与交易个体之间存在着各种各样的相互作用，不仅是非线性的，甚至博弈心理对同样的信息有不同解读。

（四）涨落

涨落是指对系统稳定状态的偏离，它是实际存在的一切系统的固有特征。平衡态系统的随机涨落，称为微涨落；非平衡态系统的随机涨落，称为巨涨落。对于远离平衡态的非平衡态系统，随机的小涨落有可能迅速放大，使系统由不稳定状态跃迁到一个新的有序状态，从而形成耗散结构。

综上所述，证券市场是一个典型的、人类自身创造出来却又无法把握其运行规律的精致的耗散结构样本。耗散结构形成的本质是开放系统内部自组织的累积、发展、生长演化、自我固化和突破。

因此，我们有必要掀开证券市场从自组织到突变再到时空有序的面纱，从而揭示出更多不为人知的、可以用于交易的神秘自然科学法则。

第二章 从自组织到突变

一、对数周期幂律模型（LPPL）

对数周期幂律模型（LPPL）由 Johansen. Ledoit 和 Sornette 共同提出并完善，因此也被称为 JLS 模型。

JLS 模型假设存在两类交易者：理性的基本面交易者和非理性的噪声交易者（JLS 模型是在借鉴统计物理中解释铁磁相变的 Ising 模型的基础上发展而来的。交易者间相互模仿，可做出买和卖的决策）。由于这些相互作用，交易者间会形成相似交易行为的群体，将导致泡沫的形成，也使市场变得"有序"（不同于正常市场的"无序"状态，也就是熵比较大的市场）。该模型中一个重要的特点是，在交易者的相互作用和风险增加间引入了正反馈，使得泡沫得以维持。

正是基于交易者之间的相互模仿，这些局部相互作用可形成正反馈，从而导致泡沫和反泡沫的产生，因此该模型可用于金融泡沫和反泡沫的建模及预测。

对数周期幂律模型可简单表示为：

$$\ln p(t) \approx A + B(t_c - t)^{\beta}\{1 + C \cos[\omega \ln(t_c - t) + \phi]\}$$

其中，$p(t)$ 为 t 时刻价格，t_c 为临界时间，$A = \ln[p(tc)]$，β 为幂数，取值范围为（0，1），ω 为波动频率，取值范围为（2，15），ϕ 为相位。

二、幂律的存在可作为自组织临界的证据

幂律分布是自组织临界系统在混沌边缘，即从稳态过渡到混沌态的一个标志。自组织临界系统认为，由大量相互作用的成分组成的系统会自然地向自组织临界态发展；当系统达到这种状态时，即使很小的干扰事件也可能引起系统发生一系列灾变。著名的"沙堆模型"形象地说明了自组织临界态的形成和特点，如图 2-1 所示。

图 2-1 沙堆模型

设想在一平台上缓缓地添加沙粒，一个沙堆逐渐形成。开始时，由于沙堆平矮，新添加的沙粒落下后不会滑得很远。但是，随着沙堆高度的增加，其坡度不断增加，沙崩的概率相应地增大，但这些沙崩仍然是局部性的。达到一定时候，沙堆的坡度会达到一个临界值，这时，新添加一粒沙子（代表来自外界的微小干扰）就可能引起小到一粒或数粒沙子，大到涉及整个沙堆表面所有沙粒的沙崩。这时的沙堆系统处于"自组织临界态"。这里所谓的"自组织"是指该状态的形成主要由系统内部各组成部分间相互作用产生，而不是由任何外界因素控制或主导所致，这是一个减熵有序化的过程；"临界态"是指系统处于一种特殊的敏感状态，微小的局部变化可以不断被放大进而扩延至整个系统。自组织临界理论可以解释诸如火山爆发、山体滑坡、岩层形成、太阳耀斑、物种灭绝、交通阻塞以及金融市场中泡沫崩溃等现象。

三、"自组织临界态"——突变

帕累托法则看似是关于大多数和部分少数间关系的科学，但本质上是在深入揭示这个充满不平衡的世界，从其生长演化到临界状态所面临突变的边缘时刻，也就是所谓的奇点，即系统崩溃时的"蝴蝶效应"——突变只需要一只小小的蝴蝶。

突变如何量化描述？

第三章　时空有序与大自然的和谐

其苟且者，知将来之必敝；其知当者，知将来之必因。所谓虽百世可知也。

——曾国藩

时空有序是从耗散结构里学说中借鉴的重要概念。只要是一个开放的系统，受到一些"蝴蝶的翅膀"的激发时，无论是微观无生命物质，还是有意识的个体，都会演化出自组织，且形成时空有序的结构。宏观如天体，可以形成星系——银河系的螺旋结构；微观如水槽中的漩涡、向日葵的螺旋结构。这些各自演化、大小不同、形状各异的粒子，在时间的演绎之下，演化出相同的结构。

一、大自然中无处不在的螺线生长

（一）宇宙星系的螺线生长演化

图 3-1 螺线星空

螺线普遍存在于自然界，其独特性质是自然界选择的结果，科学家在研究过程中发现了它与黄金律及自然律间的联系。

螺线形是自然事物极为普遍的存在形式，比如，一缕袅袅升上蓝天的炊烟，碧湖中轻轻荡开的一朵涟漪，数只缓缓攀援在篱笆上的蜗牛和无数在恬静的夜空携拥着旋舞的繁星……

"自然律"体现了自然系统朝着一片混乱方向不断瓦解的崩溃过程，又显示了生命系统只有通过有序化过程才能维持自身稳定和促进自身发展的本质。

我们不妨做出大胆的科学假设，即证券交易市场的生长演化是不是也遵循着这样一些法则。

这给我们无尽的想象力和无穷的思考。

此外，当代最新的一些科学研究显示，黄金比率在时空的拓扑结构中也有发现，甚至影响着整个宇宙。这个比率可将宇宙中的一切事物联系到一起，从时空到化学，再到生物。该研究由南非比勒陀利亚大学的扬·布因思博士和威特沃特斯兰德大学的弗朗西斯·萨克里博士共同完成。他们说，可以看出黄金分割率——1.618"不仅与数学方面有关，还与物理、化学、生物和时空的拓扑结构有关"。

（二）植物的螺线生长

许多植物有更为复杂的螺旋结构。它们（从松果到菠萝）的茎、皮和子实都显示了奇特的螺旋规则，这些规则在数学上极为精确。例如，向日葵的种子都按螺旋形排列，一些呈顺时针，另一些呈逆时针。

植物学家发现，在自然界中，这两种螺旋结构只会以某些"神奇"的组合同时出现。比如，21个顺时针、34个逆时针，或34个顺时针、55个逆时针。有趣的是，这些数字属于一个特定的数字列：斐波那契数列，即1、2、3、5、8、13、21、34等，每个数都是前面两数之和。

螺旋线也可以在花园里找到，比如一些爬藤植物。但是，这些生物是如何喜欢上数学的？对于爬藤植物来说，亿万年的进化使它们呈螺旋形生长：它们在抓住其他结构的同时尽可能使自己多接触阳光。对于菊石来说，它们的外层生长十分缓慢，这使它们在盘曲的同时稳步增大中心与边缘的距离。

植物如何"知道"这个深奥的序列？科学家为此苦苦思索了几个世纪。迄今为止最好的解释是，1992 年，两位法国数学家伊夫·库代和斯特凡尼·杜阿迪证明，斐波那契数列使花朵顶端的种子数最多。

（三）动物身上的螺旋

沾了水的长发的卷曲，也遵循耗散结构的数学公式。

这些螺旋也是自然界中最普通的螺旋。例如，6500 万年以前和恐龙一起灭绝的海洋生物菊石就属于阿基米德螺旋。有一种螺旋称作对数螺线。菊石的现代亲戚、生长迅速的鹦鹉螺，其外形就是一种巨大的对数螺线。

（四）生命的螺旋

近半个世纪以前，探索生命之谜的科学家发现所有螺旋中最著名的一个——DNA 的双螺旋结构，也就是人体每个细胞内部的复杂的遗传分子，这些分子中的代码包含建造、控制、维持生命机体所需的一切信息。

X 光技术显示，DNA 分子是一种呈螺旋状的阶梯结构，阶梯的"栏杆"由脱氧核糖和磷酸构成，"台阶"则由腺嘌呤、胸腺嘧啶、鸟嘌呤和胞嘧啶（以下简称 A、T、G、C）四种基本的化学物质结对而成。每个台阶都由同样的化合物组合而成：A 永远与 T 相配，G 永远与 C 相配。

科学家发现，这种搭配方式能够使 DNA 修正关键遗传信息中的缺陷：如果附着在 DNA 一条单链上的四种化合物之一有缺损，则检查另一条单链上与之配对的化合物就可以将缺损化合物识别出来。于是，细胞会复制出一个新的个体，从而减少了畸形的发生。

二、时空有序：和谐的宇宙

学者把数学与和谐的原则应用在天文学的研究中，因而形成所谓"宇宙和谐"的概念，认为天上诸星体在遵照一定的轨道运动中，会产生一种和谐的现象。他们还认为，人体的机能也是和谐的，就像一个"小宇宙"。人体之所以美，是由于它各部分——头、手、脚、五官等比例适当，动作协调；宇宙之所以美，是由于各个物质单位以及各个星体间运行的速度、距离、周转时间等配合协调。这些都是数的和谐。

中国古代思想家也有类似的观点。道家的老子和《周易·系辞传》，都曾尝试以数学解释宇宙生成，后来又衍变为周易象数派。《周易》中的贲卦表示朴素之美，离卦表示华丽之美，以及所谓"极其数，遂定天下之象"，都是类似数学推理的结论。儒家的荀卿也说过："万物同宇而异体，无宜而有用为人，数也。"庄子把"小我"与"大我"一视同仁，"小年"与"大年"等量齐观，也略同于毕达哥拉斯学派把"小宇宙"和"大宇宙"互相印证。所谓"得之于手而应用于心，口不能言，有数存在于其间"。这种数学的和谐之美，深深地影响了后世的中国美学。

"黄金律"历来被染上瑰丽诡秘的色彩，被人们称为"天然合理"的最美妙的比例。天文学家开普勒说：勾股定律是科学中的黄金，而黄金分割律可能是科学中的钻石。

对于黄金分割点，我们首先从一个"兔子问题"的数列开始，假定一对大兔子每一个月可以生一对小兔子，而小兔子出生后两个月就有生殖能力，那么从一对大兔子开始，一年后能繁殖多少对兔子？这导致了著名的"斐波那契数列"的产生：1、1、2、3、5、8、13、21、34、55、89、144……这些数被称为"斐波那契数"，特点是除前两个数（数值为 1）之外，每个数都是它前面两个数之和。

相邻两个斐波那契数的比值是随序号的增加而逐渐趋于黄金分割比 0.618……由于斐波那契数都是整数，两个整数相除之商是有理数，所以逐渐逼近黄金分割比这个无理数。但当我们继续计算出后面更大的斐波那契数时，会发现相邻两数之比确实非常接近黄金分割比。不仅由 1、1、2、3、5……开始的"斐波那契数"这样，随便选两个整数，然后按照斐波那契数的规律排下去，两数间的比会逐渐逼近黄金比。

黄金律不仅是构图原则，也是自然事物的最佳状态。中世纪意大利数学家费勃奈舍发现，许多植物叶片、花瓣以及松果壳瓣，从小到大的序列是以 0.618∶1 的近似值排列的，这即是著名的"费勃奈舍数列"。

现代科学家还发现，当大脑呈现 β 脑电波的高频与低频之比是 1∶0.618 近似值（12.9 赫兹与 8 赫兹之比）时，人的身心最具快感。甚至，当大自然的气温（23℃）与人的体温 37℃之比为 0.618∶1 时，最适宜于人的身心健康，最使人感到舒适。另外，数学家为工农业生产制度的优选法所提出的配料最佳比例、组织结构的最佳比例等，也大体符合黄金律。

在五角星中可以找到的所有线段之间的长度关系都符合黄金分割比。毕达哥拉斯学派成员每人佩戴一枚正五角星徽章。今天全世界很多国家的国旗上都有五角星，这种特殊的几何图形具有超越时代和地域的美。

三、黄金分割之静到螺线生长之动
——黄金律到自然律

螺线特别是对数螺线可以用指数的形式来表达：

$$\phi k\rho = \alpha e$$

其中，α 和 k 代表常数，ϕ 代表极角，ρ 代表极径，e 代表自然对数的底。为了讨论方便，我们把 e 或由 e 经过一定变换和复合的形式定义为"自然律"。因此，自然律的核心是 e，其值为 2.71828……是一个无限循环数。

当对数螺线 $\phi k\rho = \alpha e$ 的等比取黄金律，即 $k = 0.0765872$，等比 $P1/P2 = 0.618$ 时，则螺线中同一半径线上相邻极半径比都有黄金分割关系。事实上，当函数 $f(X)$ 等于 e 的 X 次方时，取 X 为 0.4812，则 $f(X) = 0.618$……

因此，黄金律被自然律逻辑所蕴含。换言之，自然律囊括了黄金律。

黄金律表现了事物的相对静止状态，而自然律则表现了事物运动发展的普遍状态。因此，从某种意义上说，黄金律是凝固的自然律，自然律是运动着的黄金律。

人们赞扬直线的刚劲、明朗和坦率，欣赏曲线的优美、变化与含蓄，殊不知，任何直线和曲线都可以从螺线中取出足够的部分而组成。有人说美是主体和客体的统一，是内在精神世界同外在物质世界的统一，而自然律同样也有这种统一。人类的认识是按否定之否定规律发展的，社会、自然的历史也遵循这种辩证发展规律，螺线给予这种形式以生动形象的表达。

星空星际演化的螺线模式表明，大自然中，按照黄金分割、黄金三角形、螺线法则生长演化，可能是某些开放系统共同遵守的基础法则。

自然律是形式因与动力因的统一，自然律永远具有不能穷尽的美学内涵，因为它象征着广袤深邃的大自然。正因如此，它吸引并值得人们进行不懈的探索，从而显示人类不断进化的本质力量。

四、总　结

我们遵循耗散结构这样一个由存在到演化的科学理论（已经为科学界所证明），研究其突变、自组织的数学特征后，便具有了解析大型开放系统生长演化的"巨擘"，就如同研究苹果的自由落体现象而有了牛顿的力学公式，探索宇宙而有了第二宇宙速度定理……但是，如同研究海浪的波动，我们可以引入尺子和米的概念以研究每个波幅的高度和间隔，可是，金融市场的尺子在哪里？

让我们一起去寻找那把神秘的尺子（时空因子），一把包含了黄金比率、黄金三角形这个世间万物生长所遵循的数学比例的尺子，用来"测量"金融波动，用来观测由无数有生命的个体交易、博弈留下来的神秘交易曲线，我们的研究正逐步接近令人惊悚的、神秘的自然之门。

在找出确定的答案前，我们必须对这把尺子的成色进行定义：什么样的尺子才是丈量金融市场的好尺子？

——这把尺子必须能够定义牛熊市场；

——这把尺子必须能够过滤杂波；

——这把尺子必须能够包含自然的数学原理；

——这把尺子必须能够将时间（成交量以及交易时间）和空间（高度）包容进去；

——最重要的是这把尺子必须能够界定——突变！

第四章　体系的总体结构的钥匙

——突变

耗散结构、协同学以及突变理论等是当今数学研究领域以及自然科学研究领域最尖端的一些思想，用来研究由无数开放的小系统组成的一个开放的大系统，该系统的生长与演变，遵循怎样的科学，是我们能够破解整个金融市场波动的一些根本法则，这些根本法则无外乎基本的自然科学结构——耗散结构。

换言之，因为金融市场是个开放的系统，有无数的个体参与，导致它自身能够产生一个时空有序的生长演化过程。"时空有序"这个词不是江恩理论提出的，而是耗散结构，"时空有序"是耗散结构里面最重要的一个词。无生命的个体会走出时空有序的结构，例如星空走成一种螺旋的大的星系，银河系就是螺旋结构，向日葵也是螺旋结构。这些不同的粒子，演化出相同的形态。这个形态，自然科学最前沿正在破解，而我们也可以从中得到一些重要启迪。反过来，如果从更大点的角度来说，对金融市场波动结构的研究可以促进耗散理论及突变理论的研究，促进这些理论在新的应用场景中开拓。

一、理论基础

第一部分，我们尽量用简洁的语言描述时空波浪理论的自然科学来源：耗散结构、时空有序、突变。第二部分，如果把证券市场波动看作多方和空方的较量，则波动正好是两个力的合力。在这一科学理论的基础上我们引入一个工具，或者说手段，即角度线理论。

我们通过突变、波动体思想的引入，把证券市场一上一下两个过程看作一个生命体的波动体，一个突变，或者说一个系统演化的内在基因，那么这个生命的结束点，可通过某个定理确定它是上一个波动的结束点，同时是新的波动体的开始点。

当你把新的生命体当作突变后的研究体时，它的取点就有了新的理论支撑。当把角度线理论引入之后我们发现，取点就变得轻松而明快，甚至固化二浪之尾，标准起点和内部细分起点这些概念（暂不能公开）会简洁而容易理解。

二、数学系统与工具箱

本书在两大理论基础上引入波动体和江恩角度线的工具。在此基础上，我们展开了对骨架结构的破解，引入了在向上拉升过程中遵循的定理——完美驱动定理，引入了混沌状态、牛熊转折定理、黄金三角思想、动态时空及动态生命系统的思想。

熊市生命线（XSM）系统是丈量系统内部稳定态向非稳定态转变的一把尺子，换言之，当股价的波动在一个时空周期内，沿着时空周期轨道向下波动时，便认为它是一个向下的稳定态，而这个稳定态内部的波动我们则视而不见，充耳不闻。

要打破稳定态，首要的变盘指示点是突破一个时空周期的上限。时空周期线被打破，实际上是一个稳定态被打破，是进入另外一个状态的重要"分水岭"。

三、实战推演

在引入以上一些定理后，我们开始快乐而曲折的推演过程。推演过程的实质也是仓位的调整，是个股选择过程的开启。而实战前，我们会界定一些纪律，这也是操盘前的准备。

化学里的时空有序，是一种有序循环，并以循环结表现出来。那么，金融市场中的时空有序模型如何表达？这就涉及调整的级别及如何调整问题。调整之后及调整的过程中有好多阳线，那么到底是一个新的上涨，还是不能追涨的内部的一个杂波性质的波动？

四、突变

结构与突变是非常关键的问题（后文我们将进行详细论述）。把握不住突变，追涨就会追在高处，而真正突破了，又没有追，错过了时机。这种遗憾经常发生。

金融市场的时空有序，谁都可以感知，可谁都无法把握，这涉及如何对突变进行量化描述。

关于证券市场、金融市场波动的突变，完全可以引入现代自然科学中突变的基本思想，这些基本思想最主要的是稳定态向非稳定态的转变。

金融市场描述稳定态的金融变量很多，普通的交易者会把成交量作为稳定态向非稳定态过渡的重要标志。

第一，常规金融变量。交易者会把成交量作为跟踪行情变化的法宝，其实这并不能说是错的，比如所有大的成交量阳线都对应有成交量的变化。成交量可以设定一些阈值，比如连续放量，这个连续最好是周线、月线级别的，如连续两个月放量或者连续两周放量。但这个研究至今没有突破性的理论可以用。

第二，从稳定态到非稳定态，或者说新的上升、下降变为上升的趋势变化。

第三，从稳定态到非稳定态，打破过去的下降稳定态。出现上涨，即证券金融市场由一个稳定态到另一个非稳定态的关键或者最重要的质变指标，或者说标志，则必须包含基因的性质，也必须涵盖时间和空间两大部分。

第五章　波动体的 N 形基因

一、突变的形态与性质的改变

图 5-1 中标注箭头的位置，一个稳定态——下降生命周期被打破了，在此之前，所有的下降都在一个时空周期内运行。这是上一个反弹仅仅到达而且刚好到达一个时空周期。

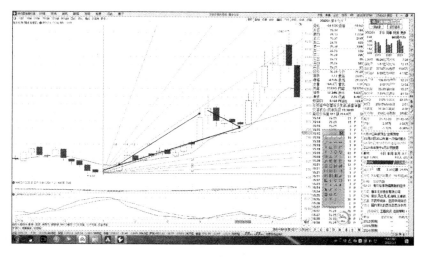

图 5-1　反弹到达一个时空周期

到达这个时空周期之前，它是下降的稳定态，而一旦这个稳定态被打破，则预示着一个新的生命体或者一个非原有的数学系统可以描述的新的生命体、新的波动体诞生了。

这个新的波动体具有不一样质的改变。这时，在图 5-1 中箭头线后的大阳线出现，则质变——一个突变出现了。

二、N 形基因

与此同时，一个新的结构出现了，我们把这个结构命名为 N 形基因。

如果在月线数据上出现了 N 形基因，则基本可以确认该股具有未来向上的内在驱动力。换言之，该股有可能成为未来一个长线的大牛股。在超短线级别上出现了 N 形基因，特别是突破了牛熊转折位置的 N 形基因后，就具备了短线牛股的潜质。注意，这是必要条件之一。如图 5-2、图 5-3、图 5-4 所示。

图 5-2　N 形基因的展示 1

图 5-3　N 形基因的展示 2

图 5-4　N 形基因的展示 3

　　此后，如果出现 N 形基因，应该把它看作一个新的生命体诞生的信号。当然，这个生命体能存活多久，以何样的波动方式出现，是无法估测的。甚至这个波动的起点如何寻找，也是以后要解决的问题。

第二部分
破译江恩

第六章　江恩角度线的基本内容

威廉·江恩（Willian D. Gann）是 20 世纪最著名的投资家之一。他在股票和期货市场上取得的骄人成绩至今无人能比，他所创造的把时间与价格完美结合的理论，至今仍为投资界人士所津津乐道，倍加推崇。在其投资生涯中，成功率高达 80%~90%，他用少量的钱赚取了巨大的财富，在其 53 年的投资生涯中，从市场上取得纯利 3.5 亿美元。

最令人瞩目的是 1909 年 10 月，美国《股票行情与投资文摘》杂志编辑 Richard Wyckoff 的一次实地访问。在杂志人员的监视下，江恩在 12 月 25 个市场交易日中共进行 286 次买卖，结果 264 次获利，22 次损失，获利率竟达 92.3%。在江恩的事业高峰期，他共聘用 25 人为他制作各种分析图表及进行各类市场走势研究，并成立两家走势研究公司：江恩科学服务公司和江恩研究公司，出版了多种投资通俗读物。在每年出版的全年走势预测中，他清楚地绘制什么时间是什么价位的预测走势图，准确性甚高。

江恩相信，股票、期货市场里也存在宇宙中的自然规则，市场的价格运行趋势不是杂乱的，而是可通过数学方法预测的。江恩的数学方程并不复杂，实质是价格运动必然遵守的支撑线和阻力线，也就是江恩线。

江恩理论主要包括两个部分：一是行情分析及预测理论，包括但不限于时间周期理论、江恩角度线、轮中轮等；二是交易策略部分，这部分内容往往为投资者所忽视，故本书着重论述。

一、江恩角度线

江恩角度线（Gann Fan），又称作甘氏线，是国内投资者较常见的技术分析工具，角度线是江恩理论系列中的重要组成部分，它具有非常直观的分析效果。根据角度线提供的纵横交错的趋势线，能帮助交易者作出明确的趋势判断。因而，角度线是一套简单的分析方法，任何人利用很少时间就可以轻松学会。在谈到角度线的意义时，江恩宣称："当时间与价位形成四方形时，市运转势便迫近眼前。"这表明角度线并非一般意义上的趋势线，是根据时间、价格两维空间的概念而促成的独特分析体系。因而有分析人士指出，角度线是江恩最伟大的发明，它点破了时间与价格不可调和但密不可分的格局，从操作的角度说，这是技术理论中最有价值的部分。

（一）画法

制作江恩线要有一个四方形的概念，所谓四方形即为正方形，以对角线出现的45°作为四方形的1/2，它代表了时间与价位处于平衡的关系。若时间、价位同时到达这一平衡点，则市场将发生重大震荡。江恩线由时间单位和价格单位定义价格运动，每条江恩线由时间和价格的关系决定。

绘制江恩角度线首先要确定时间与价位间的单位比率。江恩认为，每一种股票或商品其时间与价位间都有特定的比率，要根据其波动率来确定。一般而言，时间与价位的比率以整数为主，最常用的是10的倍数或其分数，

常用的比例包括：月线图，1 个月代表 1000 点或 100 点；周线图，1 周代表
100 点或 10 点；日线图，1 天代表 10 点；小时图，1 小时代表 1 点。

（二）江恩角度线的应用

1. 江恩 1×1 线

江恩角度线的意义是时间与价位的平衡，江恩的 1×1 线，表示时间运
行的幅度与价位运行幅度一样。根据江恩的理论，价位在 1×1 线上，表示
市势向上；在 1×1 线之下，表示市势向下。只要价位在上升 1×1 线上买
卖，市势基本上属于强势。每次市价接近上升 1×1 线时，投资者可趁低买
入，而止损位可设于江恩线下。若市价处于下降 1×1 线下，走势则属弱势，
每次市价反弹接近下降 1×1 线时，是市势好坏的"分水岭"。

2. 1×1 通道

一个重要的江恩线分析法，正是以市场按照时间价位比例的通道运行来
分析，最常用的是 1×1 通道及 1×2 通道。

3. 江恩扇形线

根据 1×1 线的比例，可以由一个市场重要高点或低点延伸出多条角度
线，例如 1×1、1×2、2×1、1×3、3×1 等，这些角度线又组成江恩的扇
形线。可以按 1×1 线的比例为每天上升 10 点，再以相应的角度列出其他重
要的江恩角度线，角度越高则市势越强；相反，则市势越弱。

应用江恩角度线时，通用方法十分简单，若市价下破一条上升江恩线，
市价将下试下一个角度的江恩线支撑；相反，若市价上破一条下降江恩线，
市价将进一步上试更高角度的江恩线。

4. 由零开始的江恩线

江恩线的起点，一般是从市场重要的顶部与底部开始，但对于一些长期
的走势而言，由零开始的江恩线往往起着决定性作用。

5. 江恩线会合的力量

在应用上述分析时，除了江恩线的支撑及阻力的应用外，两线相交的力量不容忽视。很多时候，上升江恩线与下跌江恩线相交所引发的力量经常能有力扭转市势的方向。

二、江恩角度线的深入解构

江恩角度线实质上是一组具有固定数学比例的射线，如图 6-1 所示。最初的角度线是手工绘制的，横轴代表时间，一根 K 线代表 1 天（一个周期，为叙述方便，使用"天"做例子，下同），纵轴代表价格，一个单位代表特定的价格高度。

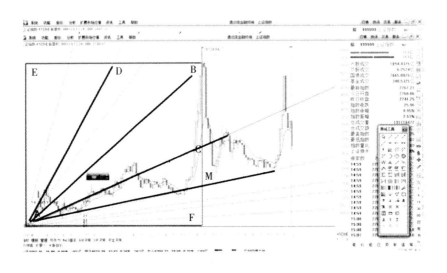

图 6-1　江恩角度线的手工绘制方法

图 6-1 中的 K 线周期为 45 日线。

图 6-1 中的大正方形是江恩角度线的基本画法，其中，D 是正方形 AEBF 的上边 EB 的中点，C 是 BF 的中点，M 是 CF 的中点。

ED＝BD，BC＝CF。

连接 AC，构成了 1∶1 线；

连接 AB，构成了 1∶2 线；

连接 AD，构成了 1∶4 线；

连接 AM，构成了 2∶1 线；

AEBF 构成了一个正方形。

三、江恩角度线的数学秘密——黄金三角形

我们用几何的方法，可以计算出几个重要的角度：

∠DAC＝∠DAF－∠CAF＝CTN（2/1）－CTN（1/2）＝36.87°

注意两个概念，在江恩的时空观里，时间和价格是可以互换的，一旦时间和价格的比率确定，则时间和价格具有同等的作用。这里，时空是一个概念，时间就是空间，空间就是时间，价格就是时间。这样，从现在，在江恩图中，去掉时间的概念，横坐标也可以看成价格。

再看∠ABC＝36.86°（下文取∠DAC 与∠ABC 约等于 36°），

又因为：AD＝AC，

故三角形 DAC 构成以 36°为顶角的等腰三角形，其内角分别为 36°、72°、72°，数学上叫作黄金三角形。

江恩角度线中隐藏着大量的黄金三角形。

四、江恩循环周期理论

江恩的循环周期理论是对整个江恩思想及其多年投资经验的总结。江恩把他的理论用一定规律展开的圆形、正方形和六角形进行推论。这些图形包括江恩理论中的时间法则、价格法则、几何角、回调带等概念，图形化地揭示市场价格的运行规律。

江恩认为较重要的循环周期有短期循环、中期循环、长期循环等。30年循环周期是江恩分析的重要基础，因为30年共有360个月，这恰好是360°圆周循环，按江恩的价格带理论对其进行1/8、2/8、3/8……7/8划分，正好可以得到江恩长期、中期和短期循环。10年循环周期也是江恩分析的重要基础，江恩认为，10年周期可以再现市场的循环。例如，一个新的历史低点将出现在一个历史高点的10年之后；反之，一个新的历史高点将出现在一个历史低点的10年之后。同时，江恩指出，任何一个长期的升势或跌势都不可能不做调整地持续3年以上，其间必然有3~6个月的调整。因此，10年循环的升势过程实际上是前6年中每3年出现一个顶部，最后4年出现一个顶部。

上述长短不同的循环周期之间存在着某种数量上的联系，如倍数关系或平方关系，江恩将这些关系用圆形、正方形、六角形等显示出来，为正确预测股市走势提供了有力的工具。

关于时间周期，不能不提神奇的斐波那契数列1、1、2、3、5、8、13、21、34、55、89、144……这组数字之间的关系，可参考相关专门著作，本书不再赘述。它也是波浪理论的基础，波浪理论与周期理论颇有渊源，在运用周期理论、波浪理论、斐波那契数列时，要注意它们都是以群体心理为基础的。也就是说，市场规模越大，参与的人数越多，越符合上述理论，比如股指远比个股符合上述理论，况且波浪理论原本就是以道琼斯工业平均指数为研究工具而创建的一种理论。此时，我们会发现，前面述及的神奇数字越发神奇。

五、江恩波动法则

江恩认为，市场的波动率或内在周期性因素来自市场时间与价位的倍数关系。当市场的内在波动频率与外来市场推动力量的频率产生倍数关系时，市场便会出现共振关系，令市场产生向上或向下的巨大趋势。

回顾历史走势，可以发现：股票走势经常大起大落，一旦从低位启动，产生向上突破，股价就如脱缰的野马奔腾向上；一旦从高位产生向下突破，股价又如决堤的江水一泻千里。这是共振作用在股市中的反映。

（一）共振

共振可以产生势，而这种势一旦产生，向上和向下的威力都极大。它能引发人们的情绪和操作行为，产生一边倒的情况。向上时，人们情绪高昂，蜂拥入市；向下时，人人恐慌，股价狂泻，如同遇到世界末日，江恩称之为价格崩溃。

因此，一个股票投资者，应对共振现象充分留意。如下情况将可能引发共振现象：

（1）当长期投资者、中期投资者、短期投资者在同一时间点进行方向相同的买入或卖出操作时，将产生向上或向下的共振。

（2）当时间周期中的长周期、中周期、短周期交会到同一个时间点且方向相同时，将产生向上或向下共振的时间点。

（3）当长期移动平均线、中期移动平均线、短期移动平均线交会到同一价位点且方向相同时，将产生向上或向下共振的价位点。

（4）当金融政策、财政政策、经济政策等多种政策方向一致时，将是政策面的共振。

（5）基本面和技术面的共振。

（6）当某一上市公司基本面情况、经营情况、管理情况、财务情况、周期情况方向一致时，将产生这一上市公司的共振点。

共振并不是随时都可以发生的，而是有条件的，当这些条件满足时，可以产生共振。共振是使股价产生大幅波动的重要因素，投资者可以从短期频率、中期频率和长期频率以及其倍数的关系去考虑。江恩认为，市场的外来因素是从大自然循环及地球季节变化的时间循环而来的。共振是一种合力，是发生在同一时间多种力量向同一方向推动的力量。投资者一旦找到这个点，将获得巨大利润，回避巨大风险。

（二）江恩波动法则中的数学与音乐

江恩波动法则包含的内容非常广泛，但江恩在世时没给出明确的波动法则定义，导致后来研究江恩理论的分析家对波动法则有不同理解。

1. 音符的共振

音节的基本结构由七个音阶组成，在七个音阶中，发生共振的是 C 与 G 及高八度的 C，即 10% 及 1 倍水平。也就是说，音阶是以 1/2、1/3、1/4 及 1/8 的形式产生共振，因此，频率的 1 倍、2 倍、4 倍、8 倍会产生共振。上述比例及倍数与江恩的波动法则有着密切联系，也就是江恩的分割比率。

2. 分割比率

江恩的分割比率是以 8 为基础的，江恩的分割比率最常见的是 50%（1/2），其次是 25%（1/4）和 75%（3/4）。同时，江恩波动法则非常强调倍数关系和分割比率的分数关系。从市场的重要低位开始，计算 1/2、1/4、1/8 的增长水平，以及 1 倍、2 倍、4 倍、8 倍的位置，将可能成为重要的支撑和阻力。在低位区，走势常受到 1/8 的阻力，波动小，时间长。如走势反复，一旦产生有效突破，则阻力减少，走势明快。在市场的重要高点，计算该位置的 1/2、1/3、1/4 及 1/8，常为调整的重要支撑。将股指或股价的重要低点至高点的幅度分割为 8 份，分割的位置都是重要的支撑和阻力。对于时间循环，可将一个圆形的 360°看作市场的时间周期的单位，并用 1/2、1/4 及 1/8 的比率分割，分割为 180°、90°、45°，包括月份、星期、日期的周期单位，分割的位置常成为市场周期的重要转折点。

六、江恩轮中轮

江恩认为，既然在自然定律中有四季交替、主次阴阳之分，那么在股票、期货、外汇市场中，必定也有短期、中期、长期循环以及循环中的循环，正如《圣经》所述的"轮中之轮"。

江恩根据这一理论，设计了市场循环中的轮中轮，将市场上的短期、中期和长期循环加以统一描述，并将价位与江恩几何角统一起来。因此"轮中轮"是对江恩全部理论的概括总结。

江恩理论中的轮中轮是交易盈利的终极技术。江恩轮中轮是一张圆形数位图，其中，数位从 1 延伸到 360。这张数位图可用以预测市场支撑和阻力水平及市场的逆转时间。

（一）轮中轮的制作

轮中轮将圆进行 24 等分，以 0°为起点，逆时针旋转每 15°增加一个单位，经过 24 个单位完成第一个循环，以此类推，经过 48 个单位完成第二个循环……最后经过 360 个单位完成第十五个循环，即一个大循环，形成江恩轮中轮。

江恩轮中轮上的数字循环，既是时间的循环也是价格的循环。例如，对时间循环而言，循环一周的单位可以是小时、天、周、月等，对价格循环而言，循环单位可以是元或汇率等。

江恩轮中轮的关键是角度线，市场的顶部、底部或转折点经常会出现在一些重要的角度线上，如 0°、90°、180°等。通过轮中轮，我们可以预知市场的价位，以便安全、有效地运用资金。

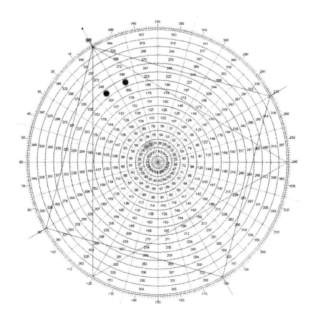

图 6-2　轮中轮的画法

（二）轮中轮的用法

（1）对照轮中的数字，选定所要判断的目标股或指数的最低点或最高点。

（2）目标股上涨时逆时针旋转，价位或点数将在 45°、90°、120°处遇初级阻力，在 180°处遇强阻力，在 225°、270°处遇超强阻力，在 315°、360°处遇特强阻力。

（3）目标股下跌时顺时针旋转，价位或点数将在 45°、90°、120°处遇初级支撑，在 180°处遇强支撑，在 225°、270°处遇超强支撑，在 315°、360°处遇特强支撑。

七、江恩交易策略

江恩理论是以研究并测市为主的，江恩通过数学、几何学、宗教、天文学的综合运用，建立起自己独特的分析方法和测市理论。由于他的分析方法具有非常高的准确性，有时达到令人不可思议的程度，因此很多江恩理论的研究者非常注重江恩的测市系统。但在测市系统外，江恩还建立了一整套操作系统，当测市系统发生失误时，操作系统能及时对其进行补救。江恩理论之所以可以达到非常高的准确性，正是因为其将测市系统和操作系统一同使用，相得益彰。

（一）止损

江恩说，大多数人在股市中输钱主要有三个原因：

（1）交易过度或买卖过于频繁；

（2）没有设止损单（Stoploss Order）；

（3）对市场知之甚少。

很显然，要在股市中赢钱应避免上述三种错误。

不下止损单也是投资人常犯的错误。江恩在书中的建议是止损单设在买入价之下 3%~5%。考虑到中国股市波动幅度比较大，投资者可以适当放宽止损单的范围，例如 5%~10%。

投资者要谨慎遵守以下规则：

（1）永远不要过度交易，每次交易的时间只可以使用少量的资金。此种做法的实质是"留得青山在，不怕没柴烧"，其稳健程度可想而知。当今投资者动不动就大胆杀入，满仓操作，有失稳健。

（2）止损单极其重要，无论是盈还是亏。设置止损单后不要随便撤销。

（3）投机之道乃顺势而为，不要逆市操作，如果你无法确定趋势，就不要入市买卖。分红、股价的过低、摊平成本等都不是入市的好理由。

（4）加码、补仓、斩仓、空翻多或多翻空都必须小心谨慎。如果理由不充分，就保持现状。

（5）当你赚了很多钱后要及时休息，避免增加交易。

（6）不要因小失大。投资股市如果是为了 3%~5% 的收益，很容易导致较大的亏损。投资者应把握股市的主要趋势。江恩认为，依差价的人赚不到钱。

投资（投机）制胜之道，在于稳健。没有一个成功的投资者由于冒进而赢得巨额利润。绝大部分成功的投资者都不去做高难度动作。成功者看重的是高利润而非交易技巧。

（二）如何持盈保泰，战胜市场

1. 知识

你不可能不花费时间研究而获得知识，你必须放弃寻找在证券市场中赚钱捷径的企图。当你事先花费时间学习得到知识并熟练应用，会发现赚钱是容易的。在获得知识上花费的时间越多，以后赚的钱越多。知识无止境，你必须学以致用，通过应用学到的知识，在合适的时候行动和交易才能获得利润。

2. 耐心

耐心是在股票市场中获得成功最为重要的资质之一。你必须有耐心等待确切的买入或抛出点，机会到了后再决定入市。当你做交易时，你必须耐心地等待机会，获得利润后及时地离开市场。你必须在结束交易前确定趋势已经发生变化。这是对过去市场变化研究后的唯一结果。

3. 灵感

你可以获得世界上所有的知识，但如果你没有灵感去应用，你就不可能获得所需。知识给人以灵感，使人有勇气在适当的时候采取行动。

4. 健康

健康是一个人事业成功的基石。因为一颗聪明的心不能在虚弱的身体下工作。如果你的健康受到了损害，你将不会有足够的耐心或灵感。当你处在不良的健康状况时，你会有依赖性，可能有太多的恐惧，甚至会失去希望，你不能在合适的时间采取行动。

那些年，任何可能在将来交易中发生的事对笔者来说都已经发生了，笔者从经历中学到了很多东西。当笔者健康状况差时倦于交易，总是导致失败；当笔者精力充沛时，在正确的时候入市，取得了很大成功。如果你的健康状况不佳，最重要的事是尽快恢复到最佳健康的状态。

5. 资金

当你获得了证券交易的资质后，你必须有资金。如果你有了知识或耐心，则可以开始以少量的资金获取大的利润。建议你使用止损位：减少亏损和避免透支交易。

记住，永远不要背离趋势。当你看准市场趋势时，随其而动。遵守准则以确定趋势，不要用猜测和希望做交易。

（三）江恩 21 条操作守则

当我们从整体上研读江恩理论时可以发现，预测大师的江恩与市场实操高手的江恩，虽然是同一个人，但他却能清清楚楚、冷静异常地将自己的预测理论与实践操作分开——买卖规则重于预测！这是江恩获胜的真正秘诀。

然而，至今还有许多股市投资人以为江恩是纯粹凭其神奇理论赢得了市场胜利，于是仅仅研究江恩的理论体系，期望像江恩一样在股市中百战百胜。这实在是认识上的偏误。

江恩的 21 条股票操作买卖守则如下：

（1）每次入市买卖，损失不应超过资金的 1/10。

（2）永远都设立止损位，减少买卖出错时可能造成的损失。

（3）永不过量买卖。

（4）永不让所持仓位转盈为亏。

（5）永不逆市而为。市场趋势不明显时，宁可在场外观望。

（6）有怀疑，即平仓离场。入市时要坚决，犹豫不决时不要入市。

（7）只在活跃的市场买卖。买卖清淡时不宜操作。

（8）永不设定目标价位出入市，避免限价出入市，而只服从市场走势。

（9）如无适当理由，不将所持仓平盘，可用止赚位保障所得利润。

（10）在市场连战皆捷后，可将部分利润提取，以备不时之需。

（11）买股票切忌只望分红收息（赚市场差价第一）。

（12）买卖遭损失时，切忌赌徒式加码，以谋求摊低成本。

（13）不要因为不耐烦而入市，也不要因为不耐烦而平仓。

（14）肯输不肯赢，切戒。赔多赚少的买卖不要做。

（15）入市时定下的止损位，不宜随意取消。

（16）做多错多，入市要等候机会，不宜买卖太密。

（17）做多做空自如，不应只做单边。

（18）既不要因为价位太低而吸纳，也不要因为价位太高而沽空。

（19）永不对冲。

（20）尽量避免在不适当时搞金字塔加码。

（21）如无适当理由，避免随意更改所持股票的买卖策略。

第七章　江恩角度线的内在机制研究

——从时间周期到时空周期

市场的规律隐匿在日常庞杂漫长的交易数据中。时空因子给了我们一把观察和打开这扇神秘大门的尺子和钥匙，但它仅仅是把钥匙。

只有当我们用蕴含黄金分割、螺线比例的时空因子这把尺子去丈量市场的每一次波动时，一扇崭新的大门才会向我们打开。

一、时空周期

我们先看一个有趣的现象。

华微电子（600360）2005年启动前后一段时期的周线如图7-1所示。图7-1中，2005年7月1日前，股价在1：1线的压制下，股价时阴时阳，变幻不定，方向不明，阴线多于阳线。小阴小阳捉摸不定的市场走势明显能感受到熊市低迷的气氛。

图7-1 华微电子股价在不同时空区间的特征

2005年7月1日后，股价翻越1∶1线，形势开始变得明朗，多空虽然依然争夺剧烈，但能异常明显地感觉到1∶1线是个"分水岭"，线下的波动隐晦莫测，线上连拉小阳，多头开始信心满满，逐渐活跃。中间虽有4周左右的下跌，但阳线已经占据了主导地位，满园春色已关不住，虎踞龙盘今胜昔之感呼之欲出，黑暗势力和阳光势力在1∶1线和2∶1线构成的漫长时间及空间里展开对决。到2∶1线末端时，则如同解放战争的三大战役，胜负才见分晓，即图7-1中箭头处，是站上2∶1线的瞬间。多方势力开始喷发，空头力量溃不成军，股价如同奔腾的野马，绝尘而去，这里才是真正的转折。

注意，图7-1中的这一组江恩角度线，是由2004年以前的最高价和此后的历史低点构成的，是固定的，不是人为确定的。也就是说，对于研究者来说，江恩角度线不因为不同画线取点的随意性而改变。简言之，这组线是客观的，不以研究者的意志为转移。

朋友们也可以自己找一些例子，由于篇幅所限这里不再赘述，后面的章节还有论述。

综上所述，我们发现，在不同时空因子线构成的区间里，股价波动具有明显不同的性质，在一定时空内，股价只要没有达到质变的奇点，波动特征基本不变，性质基本相同。

这里，我们首先引入时空周期的概念。

所谓时空周期，在几何意义上指一组江恩角度线中相邻两条线之间的时空区域。时间周期包含了一个起点、两根射线，以及两根射线中间确定的无限的扇形空间，涵盖了时间和空间双重范畴，可以理解为某种力量在时间上的累积、持续。在一个时空周期内，波动的性质、形态、方向基本相同。

从图7-2中可以很直观地看出，时空周期中包含两大要素：一是价格和能量在时间方向上即横轴方向的积累；二是价格驱动力量在空间方向的积累。

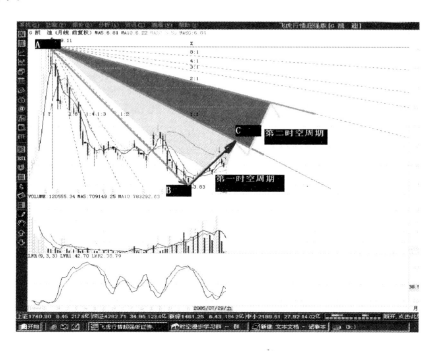

图7-2　时空周期与扇形空间

换句话说，股价是多空双方两股力量在时间和空间的两维区间里斗争所留下的轨迹。

向上的波动，就是常说的上升驱动浪，实际上是在多方力量占据主动时股价向上波动留下的轨迹，其高度特别是上升的角度和持续的时间代表了多方力量的几何表达。

反之，向下的波动实际上是空方力量占据主动时股价向下波动留下的轨迹，其高度特别是向下的角度代表了空方力量的几何表达。

震荡是多空双方胶着在一起，无法分出胜负时段产生的杂波。

实际上，股价未来的发展趋向，就是多空双方两股有着不同方向和强度的力量在未来的合力！

如何求合力？

在理论力学中有一个简单而著名的求合力公式，即平行四边形法则（见图7-3）。理论力学告诉我们，两个力合成时，以表示这两个力的线段为邻边做平行四边形，两个邻边之间的对角线代表合力的大小和方向，即平行四边形法则。

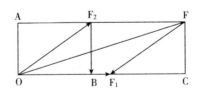

图7-3 经典理论力学中求合力公式：平行四边形法则

图7-3和江恩角度线形成了极为罕见的巧合，如果角度和江恩角度线的角度一致，将线段变换成射线，则图7-3中的 OF_1、OF、OF_2 就是一组江恩角度线中的 1：2、1：1、2：1 的三条射线。

实际上，当初始角度等于 36° 时，合力 OF 正是江恩关于角度线中的 1：1 线，也正好组成一个黄金三角形。

理论力学的合力法则，为角度线能够预测股价未来的发展方向提供了理论依据。

一个时空周期中，反方向能量的汇聚和积累达到临界点时，便会产生质的突破，进入新的时空周期，并且会具有完全不同的运动性质，这和分型研究的某些成果一致。因此，我们把一个时空周期内的波动定义为证券市场波动的基本因子，在同一个时空周期内，波动基本具有同样的性质。

时空周期基本包含三种类型：

（1）上涨周期，具备阳刚的正能量和攻击性；

（2）震荡周期，反复无常，举棋不定，阴柔而反复；

（3）下跌周期，充满负能量，具有剧烈的破坏性。

二、时空周期线的应用——建立牛市生命线（NSM）系统和熊市生命线（XSM）系统

市场能量的持续如同生命一般，会坚持自己的方向和风格。一个趋势能够持续下去，股价的波动将具有边际和底线，一旦波动突破边界，则可能开始新的质变，即旧的趋势被打破，新的趋势已经产生。为了能够用数学和几何对趋势进行度量和描述，下面引进牛市生命线系统这一崭新的市场规划系统。

顾名思义，牛市生命线系统（NSM 系统）就是牛市维持所必须坚守的底线。构建这个系统是异常艰巨的任务，因为这意味着日常波动定量化研究

的开始，意味着破解了某个波动的高度和未来。传统研究者很可能马上想到了趋势线。如果你仅仅是随意画了一条趋势线或者一组趋势线，说明你很可能并不理解市场真正的含义。也就是说，如果市场跌破了某条趋势线，则无法确定市场是出现了质的变化还是系统内正常波动。

这是困扰趋势交易者的基本问题。

虽然江恩留给我们的是千古之谜，无法完全破译，构建这样一个系统也无法照抄照搬前人的系统，但江恩角度线给了我们一把功能强大的钥匙。

在这里，我们不得不感叹那些科学巨人的伟大，但是，他们没有将谜底彻底揭开或者公布。我们要想取得超越市场的成就，则必须不拘泥于古人，不唯书、不唯古，只唯是。由继承到创新发展才是更宝贵的财富，才是我们进步的唯一正确之门。破译角度线和江恩波动率不是本书的主要内容，甚至不是我们的目标。

在本书中，仅仅是用拿来主义的思维，把角度线作为一个基础工具而使用，用其科学成分做我们系统的基石。

需要指出的是，本书所阐明的江恩时空交易对策体系里，角度线是一个最常用、最基础的工具，但它的作用仅仅是手段，而不是目的，所有研究者不可不察。

我们的目的是建立一套对市场所有运行都能够进行数学规划，对于不同走势位置、走势特征、时空浪型，都有自己的交易对策和仓位控制体系的系统。破解江恩波动率是这个系统的副产品。

任何交易系统必须构建在科学的数学系统基础上，与市场的走势高度吻合，才能够取得预期的收益。而角度线、时空区间仅仅是这个数学系统的一把尺子和边缘性内容。

简单地说，仅仅是工具！

但是，当我们将角度线中的科学成分发掘出来后会发现，时空周期和时空区间，就是多方或者空方力量延续或者衰竭或者即将被替代的"分水岭"，也是分型面临的重要起点。这个数学概念将"趋势、杂波、浪、上升浪、下降浪"等数学化，构筑了一套崭新的数学语言。

注意，在后文阐述的江恩时空交易对策系统里，所用的浪、趋势等词汇仅仅是一般意义上的描述，和此前任何专门研究所做的定义都没有联系，内涵也完全不同，包括艾略特的波浪理论。之所以强调这一点，是因为在应用这套系统时，除吸收一些必要的基本规则外，还必须把传统的思维都暂时放在一边，如此才能理解这套系统的核心。附带说明的是，在此后的内容里，本书将使用一定的篇幅对艾略特的波浪理论进行数学化。

如果说本书有一定的价值，这个价值也许仅仅就在于此：提供了一把新的尺子，这把尺子可以和其他理论相互结合、相互印证，去寻找波动生长的内涵和自然法则，并在波浪生长前行的每一个时点，给出正确率较高、实用性很强的交易动作和仓位控制的建议。

下面，让我们应用新引入的时空区间、时空周期的研究工具，建立牛市生命线系统（NSM 系统）和熊市生命线系统（XSM 系统）。

（一）构建牛市生命线系统（以下简称 NSM 系统）

多方进攻或者说牛市延展时，由于多空双方力量对比的不同，其角度和高度必然不同。这时，我们选取 A 为起点，并取某个阶段性高点为第二点 B，确定为牛市 1∶1 线，即图 7-4 中所指出的多方力量和空方力量的平衡线，命名为牛市生命线系统的中间线，并以此为核心，规划上升的牛市生命线系统。简单的牛市生命线系统如图 7-4 所示。

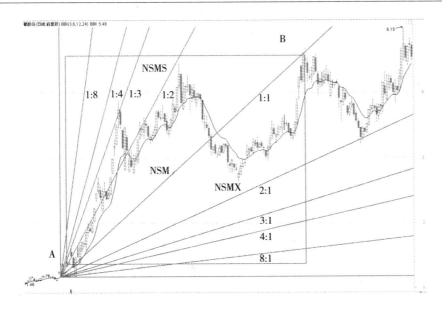

图7-4　牛市生命线系统

这个射线系统之所以称为牛市生命线系统，是因为，只要这个上升的内在原因和力量还存在并处于主导地位，且占据矛盾的主要方面，则这组上升的几何射线系统的支撑就不能破，如果破了就会进入其他分型，具有了截然不同的性质，即辩证法所说的质变。

牛市发生质变后，其方向只有两种：震荡和熊市。

（二）构建熊市生命线系统（以下简称 XSM 系统）

熊市生命线系统是指，在下降市中，以阶段高点和阶段低点画一组下降的江恩角度线：一个阶段高点 A、一个阶段低点 B 即可确定一个下降的熊市生命线系统。其原理和画法与 NSM 系统相同，只是画法颠倒而已，这里不再赘述。简单的熊市生命线系统如图7-5 所示。

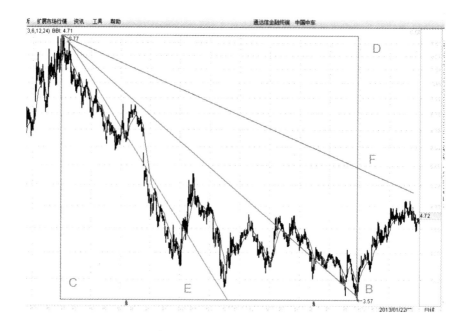

图 7-5　熊市生命线系统

（三）公理一：驱动力定律

每个微小的驱动浪的力量（牛市主升浪或者熊市的主下降浪，下同）都有维持自己生命的时间系统，都有自己主驱动力在时间维上延展的能力，都有其终结时刻，也都有其作为依托并作为表述的某条江恩角度线。

（四）公理二：黄金定律

在 NSM 系统中，取 1×1 为 NSM，该 NSM 系统的三条线的两个小角度合成后构成一个角度：NSM = 36.86° ≈ 36°。上条边 NSMS 构成黄金三角形的一个腰，NSMX 构成黄金三角形的另一个腰。NSM 系统的 NSMS 和 NSMX 之间的角度等于 36°。

演化到这里，我们已经有机地将自然的法则纳入所建立的尺度中。用黄金三角形这个工具丈量市场的生长，新的秘密即将揭开。很骄傲地说，36°是一个比黄金分割更有价值的神秘概念，神秘之处在于在黄金三角形里面到处都充满黄金分割和等式、平方、四方形（SQUARE）。时空是一致的，如果加入勾股定理，用空间（价格）和波动率取代时间，在一个流畅进行的主驱动浪内部，所有的高点、低点，高点的时间、低点的时间都可以用代数的方法计算出来。

三、NSM 系统、XSM 系统的用途

下面回到实战角度。

NSM 系统和 XSM 系统如何精确定位、有什么用途、如何使用？

简单而言，通过这两个系统，对所有的波动进行规划，对市场的性质和时空波浪位置定性，这是其最基本的功能。我们知道，当股价上升时，其均线系统随同向上发散，一个趋势会持续相当长的时间。在传统分析方法中，一般通过均线死叉判断行情的结束，K 线理论中用断头闸刀研判一个行情的结束，这为主力骗线提供了最好的工具（见图 7-6），普通投资者越相信的图形他偏偏反其道而行之，导致投资者损失惨重。

可是，当我们构建了牛市生命线系统后，再精巧的骗线也欺骗不了。图 7-7 中，B 点在 NSM 线处，主力向下的震仓甚至留下了绝好的买入机会。

江恩角度线与时空有序

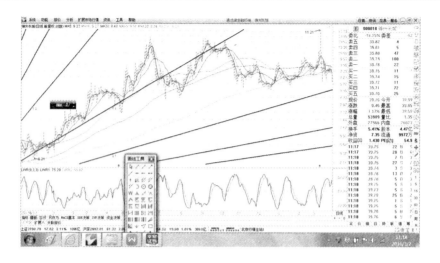

图7-6 均线和 K 线断头闸刀形成的双重骗线

图7-7 是图7-6的后续演化，NSM 系统甚至给出了完美的启动点 B，对未来高度的规划也提前了几周甚至几个月，而且几乎正好到 NSM 线时，拉升戛然而止。

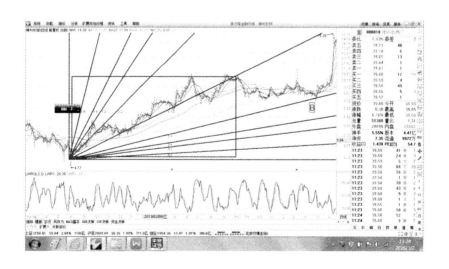

图7-7 NSM 系统对骗线的识别及对启动时间、高度的预测

有的读者会惊叹，是不是主力手里有和我们一样的系统指导他如何遵循自然法则拉升、启动、结束？这个问题不急于回答，在对 NSM 系统深入了解后，你会感觉到找到了关键点，熟悉了分型的特质，也许你就是市场主力！

简单地说，NSM 系统就是牛市所遵循的轨道系统。反过来，只要牛市在持续运行，那么，关键的 NSMS、NSMX 线就不能实质性地被打破。因为如果被打破，主力再次启动所消耗的能量将出现巨大变化，市场运行的形态将发生质变。没有主力傻到愿意改变自己的操作周期，耗费新的资金逆市而动，使资金遭受更长时间的风险敞口。

综上而言，NSM 系统是超级主力运作市场时，资金、能量最节约的做盘系统，控盘主力自觉或不自觉地遵循着以上数学的最根本法则，他们即使有这样的一套数学系统也绝对不愿意公开。

自然法则就在市场之中。这个系统被主力利用后，市场将变得更加陡直，盘整也更加诡异，但区间、时空周期依然故我，因为这是自然法则。

这个系统的使用建立在一系列法则之上，其构建以及使用方法是一个有机的整体。

第八章　河图洛书与江恩角度线

本章先对市场交易给出一些基本的规则和判断，建立牛熊转折的结构学模型和基本数学支撑，在此基础上提出"时空临界"的概念，并运用它对所有交易品种进行分类，对所有交易品种的任何交易时段进行时空浪型定性，然后建立江恩时空交易对策系统的第一部分——几何与数学法则。

笔者喜欢游历祖国的名山大川，而到各地后首先要游历地方的博物馆。在博物馆，别人看到的是历史，笔者看到的是博物馆中那些历经千年的器皿上留下的铭文和与数学有关的东西，那里面记载着先祖对于自然界的认识，甚至有一些更神秘的东西在里面，比如古代青铜器铭文上的饕餮纹和河图洛书。

一、饕餮纹的理论假设

饕餮是传说中极为贪食的恶兽，贪吃到连自己的身体都被自己吃光了，所以其形一般都有头无身。《吕氏春秋·先识览》中说道："周鼎著饕餮，有首无身，食人未咽，害及其身，以言报更也。"在笔者看来，这些篆刻在古青铜器上的铭文，实际上是一些数学的隐秘符号，与今天所说的黄金螺旋有极大的关系，如图8-1、图8-2所示。

图8-1　饕餮纹1

图8-2　饕餮纹2

而螺旋正是宇宙生长的法则。

星空星际演化的螺线模式表明，在大自然中，按照黄金分割、黄金三角形、螺线法则生长演化，可能是某些开放系统共同遵守的基础法则。

"自然律"是形式因与动力因的统一，"自然律"永远具有无穷无尽的美学内涵，因为它象征着广袤深邃的大自然。正因如此，它才吸引并且值得人们进行不懈的探索，从而显示人类不断进化的本质力量。

二、河图、洛书相关研究结论

（一）研究结论

阳性遵循1、3、7、9等生长，阴性遵循2、4、6、8等生长，如图8-3至图8-5所示。

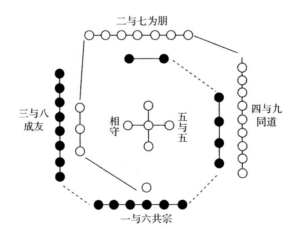

图8-3　扬子玄图

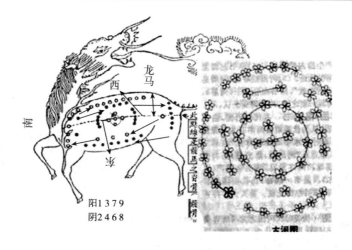

图8-4 古河图

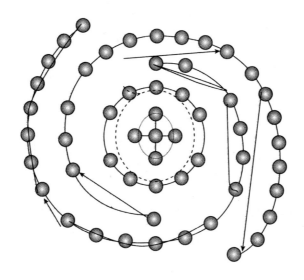

图8-5 螺旋生长

（二） 螺旋生长的弦长

黄金螺旋的形成如图8-6所示。黄金螺旋的解析如下：

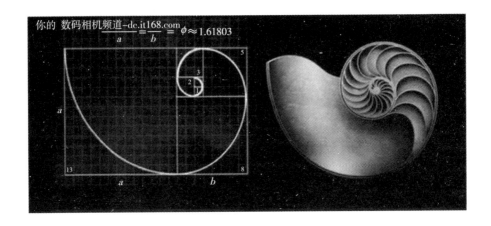

图8-6　黄金螺旋示意图

资料来源：IT168网，http://www.it168.com。

黄金矩形的形成过程和边与边之间的长短比例关系见图8-7。先画一个正方形，边的长度为2，E点是CD的中点，画线段BE，根据勾股定理，BE=$\sqrt{5}$。

图8-7中，E点为起点，画ED的延长线至G点，EG的长度也为$\sqrt{5}$，这样在图8-7（b）中，矩形ACGF和矩形BDGF都是黄金矩形。

黄金矩形边与边之间有以下比率关系：

长边/短边=1.618

短边/长边=0.618

在理论中，一般用0.618或1.618表示黄金比率。

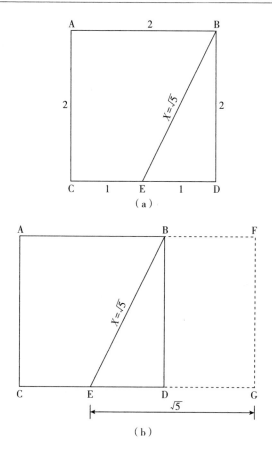

图 8-7　黄金矩形比例

　　由于黄金螺旋线有如此多的黄金比率，植物界、动物界、自然界、物理化学界都有丰富的黄金螺旋线存在。大自然有一种神秘的力量促使所有的物质世界向黄金比率的方向发展，黄金比率应该是物质世界运动的终极目标，也是物质世界的稳定因子。

三、河图洛书与江恩角度线的数理联系

图 8-8 操作步骤：

（1）做总上涨时间的二分垂直线；

（2）以此做正方形 ABCD；

（3）连接 CE；

（4）CE-EB 是要求的时间；

（5）假设总时长是 2t，那么，调整时间 $EX=\sqrt{5}t-t=1.236T$。

图 8-8 示例

第九章　根号矩形与江恩角度线的
神秘巧合

一、根号矩形的画法

先画一个正方形，以它的对角线做弧，便能画出矩形；再以矩形的对角线做弧，便能依次画出矩形，根号矩形既能被横向分割，又能被纵向分割，矩形具有特殊的性质，它能被无限分割成更小的等比矩形。

根号矩形：在早期素描和油画中，艺术大师已经对根号矩形分割有了认识。根号矩形分割是多种分割中的一种，比根号矩形分割更广泛的是黄金比例分割，多用于平面设计、摄影、艺术表达等。

根号矩形的形式如图 9-1 至图 9-5 所示。

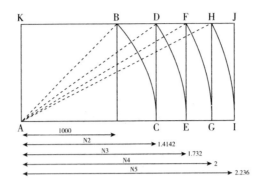

图 9-1　根号矩形 1

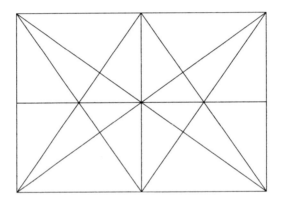

图 9-2　根号矩形 2

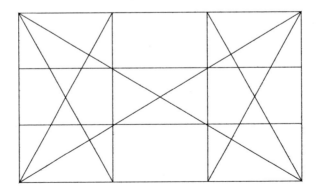

图 9-3　根号矩形 3

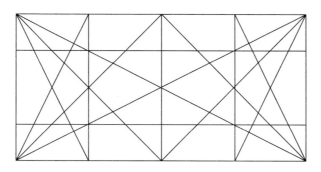

图 9-4 根号矩形 4

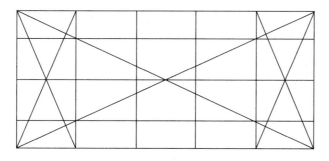

图 9-5 根号矩形 5

进一步理解其绘制过程，如图 9-6 至图 9-8 所示。

首先画一条对角线 OA（见图 9-6），其次以对角线为基准画一条垂线 BD（见图 9-7），最后在矩形上方交点处做一条垂线 DF（见图 9-8）：

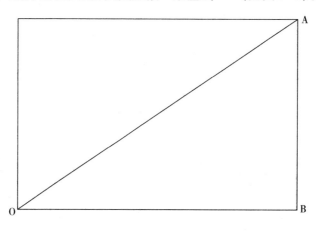

图 9-6 步骤 1

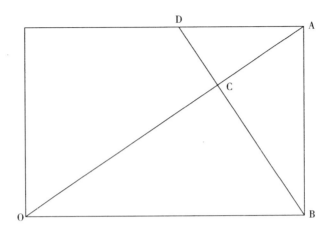

图9-7　步骤2

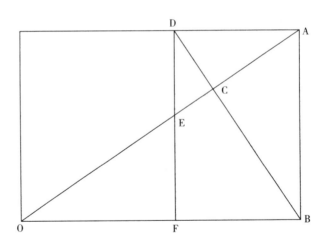

图9-8　步骤3

将图9-8与上海新阳的江恩角度线图谱进行对比，它们有惊人的相似和预测能力，如图9-9至图9-12所示。

图 9-9　上海新阳的江恩角度线图谱

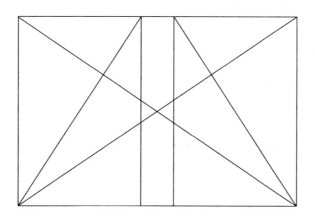

图 9-10　根号矩形的对比 1

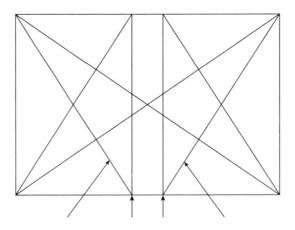

图 9-11　根号矩形的对比 2

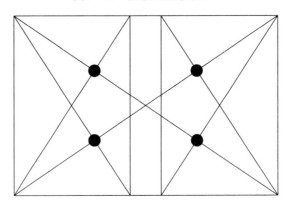

图 9-12　根号矩形的对比 3

可以看到四个焦点，如图 9-13 所示；去掉其他线段，如图 9-14 所示。

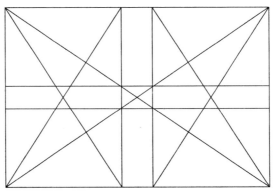

图 9-13　去掉其他线段

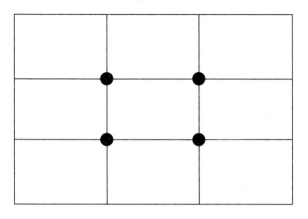

图 9-14 四个焦点

二、基本结论

经过以上推论后可得出江恩角度线的 1:3 线，如图 9-15 所示。

图 9-15 江恩角度线的 1:3 线

上述图谱仅仅从视觉感官上做了铺陈，实质上，江恩发现的角度线与螺旋、黄金三角形，甚至理论力学的矢量力求和法则完全一致。这个一致性反映了艺术和数学、自然科学、开放系统的生长演化法则的重合，为后面重新研究系统突变提供了新的思维和视野。

第三部分

时空有序的数学结构与
量化交易实战初步

第十章　从时空有序到时空周期

单纯的时空有序、突变的纯理论的研究让人感觉枯燥，因此我们从一些有趣的现象开始研究。

一、时空因子的引入

人类观测潮汐时，将一次一涨一落之间的时间和浪高叫作一个潮起潮落，一天中有很多个潮起潮落；四季的兴替，冬、春、夏的气温持续升高和秋、冬温度的持续下降的一涨一落，叫作一个年轮。我们观察人类社会的发展时，引入朝代的概念，将王朝的兴替作为观察人类历史发展的尺子，而王朝周期。潮汐内部的涨与落，人类王朝间兴与衰的更替，构成了矛盾内部相互依存的两个方面，推动事物向前发展。

我们将这个对立统一思想引入股市，将一个起和落作为整体研究。像观察云街一样，把漫长的 K 线分段研究，将"时空有序"中的"一起一落"作为云街的一个街、历史中的一个朝代来研究；用我们新发现的"时空因子"丈量复杂的股市历史数据。

综上所述，我们给出本书最重要的一个全新的定义：

当股价在某个趋势上流畅运动，到达江恩角度线的某根角度线时，运动会出现性质的根本改变，我们把由上升到下降以及由下降到上升两段上升和下降综合在一起的全部时间及空间称为时空因子。

二、一些奇异现象的发现以及
时空周期概念的引入

我们打开通达信看盘软件，随机打开几张 K 线图，先看一些神奇的巧合。

打开 K 线图，从头浏览，或许你第一个打开的是上证指数图，我们从 1993 年 2 月的最高点 1558 点做下降江恩线，使 1：2 线的第二点落在 1994 年 7 月 29 日的最低点 325 点上（线 AB）。我们发现，强反弹完美地到达 1：1 线，并在这里结束如图 10-1 所示的 AC 线。

图 10-1　完美反弹 1：1 线

再看期货市场的例子。豆粕长期趋势如图 10-2 所示，连接最低点 Q 和阶段低点 A、B，将 QAB 确定为江恩 1：1 线，我们发现，10 个月后股价完美到达 1：2 线，并从这里构筑一个越线级别的顶部，然后开始长期的下跌周期。

图 10-2　豆粕长期趋势

以郑州棉花为例，将历史高位的 H 点和阶段性新低 A 点连接，定义 HA 为 1：1 线，在经历一年半漫长的盘整后，股价刚触及 2：1 线，时空一旦到达，便会开始一段创新低的流畅下跌，如图 10-3 所示。

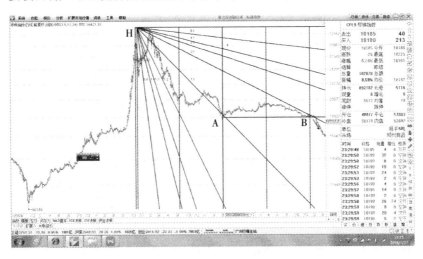

图 10-3　郑州棉花长期指数

再看一组汇市的例子。汇率市场案例（见图10-4）：定义图中LH为1：1线，股价在2：1线为支撑线，走出一段流畅上升行情。

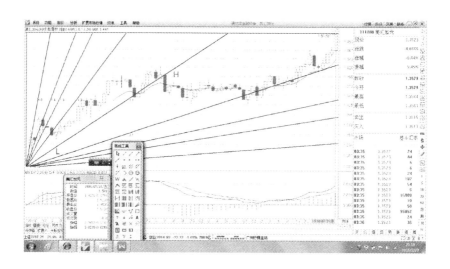

图10-4　汇率市场案例

有读者可能已经发现，这组简单的江恩角度线具有神奇而强大的预测作用，只要确认了两个关键点，就可以预测未来。单独这一个发现，加上足够的耐心，就已经有了一把神奇的尺子，能在市场获利，而且是巨大的获利。

我们现在关注的是，这种预测作用是偶然的现象，还是到处存在的？因为这不仅具有实战的价值，更深远的意义在于，大量的科学家和研究者都已经确认，证券市场是一个随机漫步市场，难道真的存在一个自然法则吗？这个自然法则到处都存在吗？如果是，那么如何应用到实战中？

再看一些不同分时K线的例子，特别是大周期全数据的月线，直到1分钟K线的例子，如图10-5所示，2：1线确立后，完美预测了10个月后的高点。

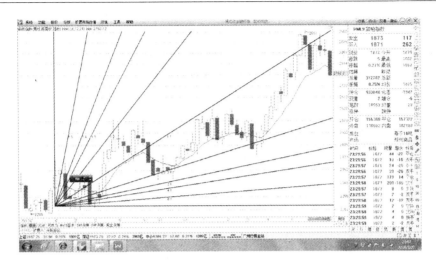

图 10-5 菜粕上市后月线

再以股市为例，在图 10-6 中，以 QH 为 1:1 线，由 H 点提前预测到了重要低点 LOW，这里适时介入，在一个交易日后获利 15% 以上。

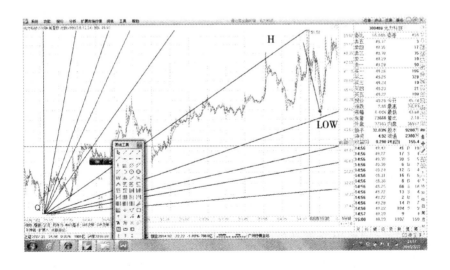

图 10-6 广利科技 5 分钟图

再举个例子，图 10-7 秀强股份 2016 年 2 月 23 日 14：52 到 2 月 25 日 10：00 的 1 分钟 K 线图由 H1 点完美预测到了止跌位。

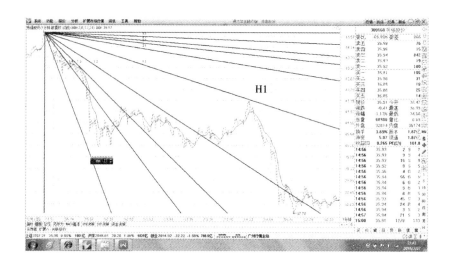

图 10-7　秀强股份

综上所述，我们发现这些奇异现象不仅存在于不同品种，而且存在于不同时间，不同细分级别的 K 线中。

我们把一根角度线到下一根江恩角度线之间所经历的时间和高度综合在一起，当作距离测量中的"米"，角度测量中的"度"，这样，就拥有了一把美妙到无以复加的测量金融市场波动的"尺子"，即在某些空间和时长内，当股价遇到阻力线时，运动模式会发生剧烈的显著改变：比如由直线上升改为振荡，或者由缓慢盘整改为直线拉升，等等。

当股价在某个趋势上流畅运动，到达江恩角度线的某个角度时，运动会出现性质的根本改变，我们把这个由上升到下降或者由下降到上升或者盘整，这两段时空合在一起的时间和空间，称为时空周期。

三、时空周期无处不在、无时不在

关于时空周期的作用，我们再来看几只股票的例子，如图 10-8 所示，上证指数时空周期下线的支撑作用。

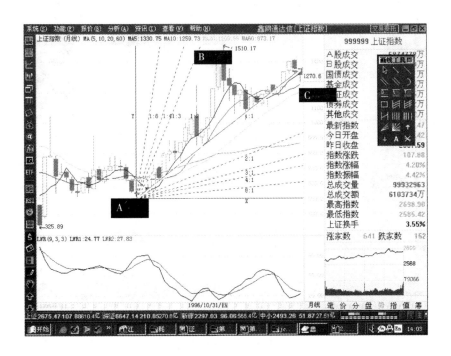

图 10-8　支撑作用

上证指数从 1996 年 1 月的阶段低点 512 点出发，做上升江恩线，让 1∶2 线的上点落在 1997 年 3 月产生的阶段高点的位置，我们发现：1997 年 9 月上证指数在触及 1∶1 线后，沿 1∶1 线（见图 10-8 中的 AC 线）完美上行了 11 个月。

青岛啤酒时空周期线的压制作用如图 10-9 所示。从 1994 年 7 月的最低点 A 开始做上升的江恩线，让 1∶1 线落在 1999 年 2 月的最低点上。我们再次震撼性地发现，从 B 点开始的上升，直接到达 2∶1 线（AC 线），在翻越后大幅震荡并回落到 2∶1 线附近，震荡 22 个月后重新选择向下，并回到 1∶1 线附近才选择止跌。

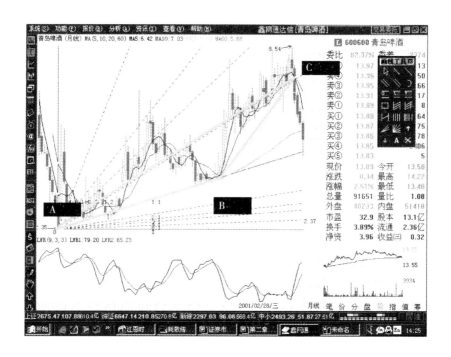

图 10-9　压制作用

美元对欧元图表中，1995 年 4 月的高点 1.435 做下降江恩线，让 1∶1 线的低点落在 1997 年 8 月的阶段低点 1.0872，你会发现，在反弹到 2∶1 线后震荡 3 个月后继续下行，如图 10-10 所示。

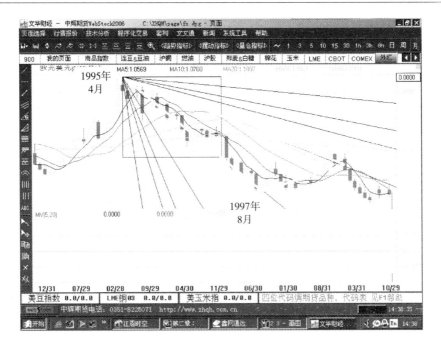

图 10-10　时空周期线对反弹的压制作用

注意，以上这些例子不是个例，它普遍存在于各种证券交易品种中，其广泛性是无处不在、无时不在。也就是说，从统计学的角度看，它们具有以下特征：

（1）每个品种都存在；

（2）每个时刻都存在；

（3）没有不存在的品种。

当你随意地拿到一个 K 线图的形态时，你如果有意识地去观察它，完美地完成一个时空周期反弹，并完美地结束于这里的反弹或者回抽，俯首皆是。

有的投资者使用了收盘价，有的投资者使用了最高价，为什么作出不同取舍，这个问题将在时空波浪定性与固化章节中进行详细描述。

四、突变

　　股价在某个趋势上流畅运动，当它突破江恩角度线的某个角度时，运动会出现性质的根本改变，我们把上升改为下降，下降改为上升，盘整，时间和空间进行整合，运动的性质就发生了根本改变，我们把这个能够突破一个角度线上线的运动叫作突变。

第十一章　多空临界线

角度线是江恩留给我们最宝贵的财富之一，但其具体用法这个谜题未能解开，因为既无法知道起点，也无法确定 1∶1 线。但是，当其中的科学成分被发掘后，其中蕴含的波动黄金法则被发现后，则可以把它当成一把尺子，用它构建自己的系统，丈量、分析股票所有的波动。

一、多空临界线——时空内部结构及分型的根本"分水岭"

现在，我们仅仅给了大家一把观测的尺子，当我们手拿时空周期这把直尺，去一步步丈量 K 线波动的漫长而烦琐的数据时，隐藏在日常无序波动后面的秘密才逐步被揭开。这个秘密对未来的实战构成了自然规律层面最根本的指导。

前文中曾指出：一个时空周期中，反方向能量的汇聚和积累达到临界点时，便会产生质的突破，进入新的时空周期，会具有完全不同的运动性质，而在同一个时空周期内，波动基本具有同样的性质。

时空周期基本包含三种形态：

（1）上涨周期，具备阳刚的正能量和攻击性；

（2）震荡周期，反复无常，举棋不定、阴柔而反复；

（3）下跌周期，充满负能量，有剧烈的破坏性。

我们看贵州茅台（600519）启动前的图谱（见图 11-1），股价在第二时空周期线（箭头所指）压制下，常量常态波动，偶尔的放量，阴阳不定，反复无常，举棋不定。

图 11-1　股价在第二时空周期线压制下常量波动

而一旦翻越两个时空周期后（见图 11-2），巨大的成交量跟随放出，股价加速拉升，个股股价呈现出非线性加速波动的趋势，以类似于数学上幂函数的曲率突飞猛进。

图 11-2　翻越两个时空周期后，股价加速拉升

同样的现象也发生在华微电子身上。股价在第一个时空周期（见图 11-3 中 1 : 1 线下面的时空周期）时阴时阳，变换不定，阴阳始终处于剧烈的斗争中，胜负未分，潜龙勿用。用中国近代史做比喻，就是时分时合，胜负未定，方向未明，而下跌的末端犹如政治事变，黑暗势力猖獗，路漫漫其修远兮，让人感觉有创新低的可能。

图 11-3　华微电子的区间特征的重复：不同品种的自相似

在翻越 1∶1 线，进入第二时空周期后，形势开始变得明朗，多空虽然争夺剧烈，但能异常明显地感觉到 1∶1 线是个"分水岭"，线下的波动隐晦莫测，线上连拉小阳，多头开始信心满满，逐渐活跃；中间虽有 4 周左右的下跌，但阳线占据主导地位，满园春色已关不住，有虎踞龙盘今胜昔之感，黑暗势力和阳光势力在这个时空周期展开对决，到末端则如同解放战争的三大战役，胜负已见分晓。

这些现象如果用传统的吸货、出货思想去解释，很难说通，且无法预测其高度。有投资者这里的巨量是吸货，但股价明显已经涨了很多，哪个超级主力会在这里吸货？如果说这里是巨量下的出货，股价在此后较短时间里又涨了数倍之多，可见，哪种解释都是行不通的。而用耗散理论中复杂系统的思想则非常简单而生动，这里仅仅是集体无意识的水滴在飓风形成时的跟随而已，获利的冲动成为大家唯一的共识，疯狂的买入在图标上显示为自发的时空有序形态。

此后，直到翻过第二时空周期线，阳光的力量已经完胜，此后的形势发展，两岸猿声啼不住，轻舟已过万重山。

综上所述，我们把第二时空周期线、图中的 2∶1 线定义为熊市最后的防线，简写为 XSMS（熊市生命线上线），是空方力量负隅顽抗的最后防线，翻越则意味着空头阵营的失败和完全崩溃。

而将下面低一个能量级的空周期线，即图中的 1∶1 线命名为 XSM（熊市生命线中线），也就是原来熊市时期波动率中线，而将股价翻越 2∶1 线后才回过头来研究过去波动的行为称为"返身固化"，即返回身来去固化已经过去的某些历史时段的性质特征。这种研究方法经常用于固化波动率、浪型定性、奇点定性等，大家要高度重视。

返身固化这种研究方法，不是没有意义的简单回头看，而是有着巨大预测作用的行为。因为我们已经拥有许多规则和建立在其之上的定律、法则，比如耗散理论、艾略特波浪理论等，还将拥有我们自己的许多确定性规则，而在这些规则引导下，如果能确认某些特定特征，将对未来产生许多有数学意义的指导。比如，如果能够回头固化二浪的尾巴，并确认之，那么，你不是已经清晰地知道现在身处三浪中了吗？而且这个二浪之尾还是新波动新NSM系统的重要研究基石。

让我们回到刚才的思路。

有人说，几千个图谱，随便找两个一样的，不是什么规律。那么，我们看连续代码的几只股票，如图11-4至11-6所示。注意图中箭头所指处，此前和此后股价运行特征的质变。

图11-4　XSMS压制下股价的徘徊和突破后的流畅

图 11-5　XSMX 压制下股价的徘徊和突破后的巨幅拉升

也许还有人质疑。相同时期类似的图形都会差不多，以上图形都是 2006 年左右的牛市形态，那么我们看其他时间的，比如，晋亿实业（601002），如图 11-6 所示。

图 11-6　XSMS 压制下股价的徘徊和突破后的巨幅拉升

再看分时 K 线，海南橡胶（601118）启动后的形态如图 11-7 所示。

图 11-7　XSMX 压制下股价的徘徊和突破后的巨幅拉升

前文巨量的图形给我们许多思索，我们看到，股价在被熊市长期压抑后，经过第一个时空因子缓慢混沌的盘整，经过第二个时空因子力量的积蓄，一旦翻越第二个时空因子的羁绊，就会飞奔，因此把翻越 50% 线并同时翻越第二个时空因子的上线叫作时空临界线。

而股价经过长期的压抑（也就是艾略特波浪之 C 浪），一旦翻越 2∶1 线缓慢爬升，就会变成连续巨阳，则已经进入牛市的主驱动浪阶段。当然，我们定性的时空波浪和艾略特波浪理论是有本质区别的，时空波浪具有数学高度定义，具有固化后的奇点，谁是用具有江恩角度线内涵的时空因子来定义数学化的波浪理论的。

时空波浪在不同的时空具有不同的运动特性，时而缓慢，时而奔腾；时而静如止水，时而奔腾不息。一旦翻越一些重要时空临界，运动性质就会发生质的飞跃，变得完全不认识，让人误以为换了股票，换了操盘手。实际上，这些不是人为能控制的，是辩证法上波动从量变到质变在图形上的反映。

让我们逐步揭开所用交易品种的面纱，用时空临界线对所有品种、所有时段、所有波动进行分型，对市场做全方位扫描。

二、证券交易品种形态分类

综观世界所有金融证券品种的历史走势和正在进行的演化，从全部交易数据和时间上，无非处于以下几种波动形态的一种，绝无例外。如图11-8所示。

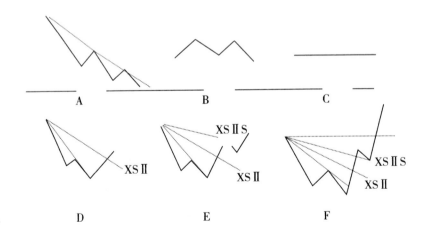

图 11-8　证券交易品种分类

（一）第一大类：微涨落系统

资金持续流出的品种，包括三种类型。

A类，大跌市。反弹永远不超过一个时空周期，一直在直线的下降通道中。

B类，震荡的封闭系统。没有新资金的推动从而形成封闭的震荡系统，基本面没有吸引新资金介入的理由。其他领域如生理学中的心电图等。

C类，直线形（比如管制的价格）等。

这三类形态，只有在做多才能获利的市场中，不具有交易价值。

（二）第二类：巨型涨落系统

D类，下降通道被破坏，反弹超越了一个时空周期（XSM），但最高只能到达第二时空周期上线的品种（XSMS），下降被破坏，已经出现反动信号的未知系统（可观察品种）。

E类，下降通道被彻底破坏，反弹超越了两个时空周期（XSMS），已经出现反转信号的未知系统（深入观察品种）。

F类，反弹出现新高（贴近观察品种）。

本书重点研究D、E、F三类，而A类作为演化前的基本形态，虽不具有交易价值，但也进行一些基础研究。

当你收集到所交易的品种的全部数据后会发现，所有商品、期货、外汇、股票都不能逃出这个分类。

操作上，忽略杂波品种，着重研究D、E、F等品种，特别是F类品种，做到有浪可数方去数。

如果翻遍股票类交易品种、翻遍历史上的大牛股，你会发现，D、E、F品种总是和价值投资的发掘品种相吻合，内在价值的驱动和资金的介入是投资市场那只"最初的蝴蝶"!

价值投机总是在价值投资品种的合适时间窗口跳跃出来，我们要做的是，在它跳出来的第一时间抓住它。

用 NSM、XSM 系统对不同品种、同一品种的不同历史时期、同一品种同一时段的不同细分级别的内部构造不同层面进行描述画像，清晰的分型结构则会呈现在我们面前。在描述这些分型结构前，必须给出一些特定规则和基础定理，才能进入几何学层面的分型研究。

第十二章 时空有序与波浪
理论数学化

当引入了突变、自组织以及 N 形基金这些崭新的技术分析词汇后，使用这些尺子尤其引入江恩角度线丈量所有的证券波动，或者说一个证券交易品种诞生后所有的交易数据序列，在时间一维，我们会发现许多奇妙的东西，这些东西包括但不限于以下内容，但已经足够震撼，那就是：可以用很简单的方法将突变、N 形基因引进来，将波浪理论数学化，从而解决波浪理论的千人千面问题。此项研究仅仅是上述理论应用的一个方向。这个方向的研究继续深入，如未来将缠论数学化，可能是整个的分析系统的数学化与科学化。

更多的已经完成的研究表明：如果将时空有序、自组织、突变、N 形基因和波浪理论结合起来，基本能够预测何时何价，这样，可以为最近非常热门的量化交易奠定全新的理论基础。

一、波浪简单化的基础定理

构筑核心定理 1：一个上升浪是否成立，要看从起点开始的 NSM 系统中 NSMX 构成的支撑是否成立，支撑确认的标准和时点以创新高为标志。

构筑核心定理 2：大的浪型必须从上一个相反浪结束以来的历史最低点为原始起点。

一个正在运行的完美驱动浪，总在一个时空周期的通道内运行。在每个时段的阶段高点都应建立一个 NSM 系统，只要从这里开始的回调见到 NSMX 支撑后继续上升并能够创收盘价新高，则认为这个上升浪仍然在被细分，以此类推，直到有一天跌破了 NSMX，确认对于这个驱动浪的相反运动开始来临，这就是所谓的调整浪。

破掉以最新高点出发的总 NSM 系统的 NSM 线后，NSMS 和 NSM 之间的时空定义是已经完结的主驱动浪的轨道。

细分的驱动浪运行中，当最后的细分浪的 NSMX 失败后，则定义主驱动浪结束。

新的下跌浪将调整一个时空周期。具体地说，就是必须回到以最新高点（周收盘价）为上点、原始起点为下点的 NSM 系统 NSM 线上，而且这里肯定产生新的上升。新的上升的力度和高度需要观察。

二、波浪简单化的手段——调整周期，观察全局数据

我们研究一切波浪的问题都是为了应用于实战操作，而经典的艾略特波浪理论，无疑是艾略特留给我们的一笔宝贵财富，但他的理论过于复杂，让我们坠入云里雾中，千人千面，千人千浪。那么，有没有一些简单的办法将艾略特的波浪理论简化，能够使用起来简单而方便呢？本章给出一些简单的原则和办法。

（一）宏观级别超级浪的寻找

当我们收集到一个品种的全部宏观数据后，我们将其 K 线级别放大，即如果数据过多就看它的月线、季线甚至年线。这样，在最宏观级别上，随着拉升的结束，总会看到对上升的调整时间、调整深度，以及此后的拉升高度。

比如皖新传媒（601801），在日线级别观察它的时候，浪型复杂而紊乱。当换到月线后，一个崭新而简单的形态就出现了，如图 12-1 所示。

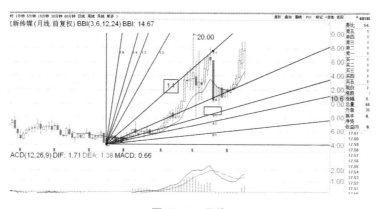

图 12-1　月线

从中路股份（600818）的图形可以看出，在一个大的拉升浪后，用一个月的时间到达时空周期下线的支撑位。而目前月线级别的连续小阳攀升已持续5个月，因为回调没有超过一个时空周期，我们可以简单定义它处于一个最大级别的超级上升浪中。

如图12-2所示，甬华生物（000504）在周线上很凌乱，月线上仍很不清晰，找不到起点和终点，但在45日线上，图谱变得很清晰，收盘价循规蹈矩。2000年5月11日，形成牛熊转换定理的第一点，接下来的上升流畅而简单。

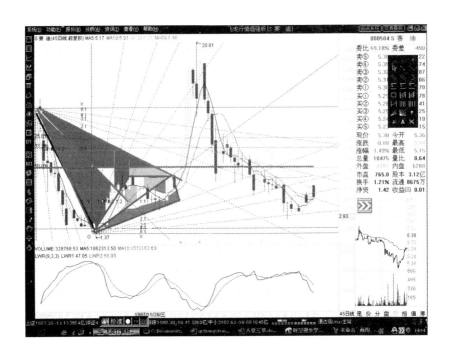

图12-2　简单化与牛熊转折

总结以上两个例子可以得出结论，即通过压缩K线周期之后，任何一个品种都可以找到其清晰而简洁的超级浪型。

（二）凡是上升超过 10 倍、调整超过了一个时空周期的品种，都认为它的某个主驱动已经结束

这是一个非常简洁而实用的定理。大家可以用四川长虹（600839）、上海梅林（600073）等历史上曾经巨幅拉升的品种去验证。在拉升结束后，由于拉升得剧烈，导致其调整漫长、复杂而深刻。

简言之，当一个品种调整超过一个时空周期后，我们认为这个上升的反动已经开始。在超级浪级别上，只要没有完成牛熊转折，没有创出新高，可以认为它的调整浪一直在持续之中。

应用基本就可以将任何一个品种简化为几个简单的线段。而其详细定性是波浪理论数学化研究的核心问题，由于较为枯燥，加上波浪理论数学化是一个极端重要而且复杂的课题，其定理、公理的推演将在笔者的另一本著作中进行详细论述，敬请关注。

三、波浪简单化的例子：宏观的外表与返身固化

图 12-3 中，中体产业（600158）的周线破位之后，我们认为它的主上升驱动已经结束，这样，可返身固化 35.36 元新高位置是某个上升浪的终点，也就是其调整浪的起点。

在这个时点（2008 年 8 月 8 日），我们要树立以下操盘思想并完成以下工作：

（1）要树立破位概念；

（2）返身固化浪型；

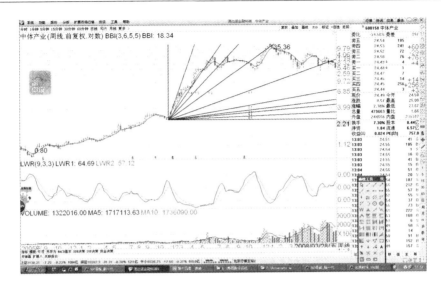

图 12-3　确认与返身固化

如图 12-4 所示，如果 H1LLL 是某主下跌浪，二 LLLH2 升幅达到 40 倍，我们认为它是一个主驱动浪，是某个超级三浪或者超级一浪！

图 12-4　主上升浪的确认

在图 12-5 中，QQQ 点应该返身固化 H2L2 为已经结束的某二浪或者某四浪。

图 12-5　返身固化

鉴于图 12-5 中 H3 已经高于 H2，那么，L2H3 的上升驱动则是某 B 浪或者某主上升驱动浪的 1 浪。而这取决于：

（1）如果未来股价调整跌破了 L2 的高点，那时返身固化 H3 为某 B 浪。

（2）如果股价在完美驱动 NSM 系统的支撑下创出了新高，那时返身固化 H3 为新的大型主驱动浪的第一个子浪；同时证明，L2 开始的升浪是一个和 LH2 同一个级别的上升主驱动浪。

将一只股票上市以来最大级别超级浪简单化、短线化，这个工作并不是毫无意义的事后研究，而是对未来操作有重要的前期研究工作。它的意义在于，如果前期我们能够确认并固化一个主驱动，那么我们对其调整就有了深刻的戒备，有时间上的基本预期（起码要调整最大级别的两个时空周期）

和对风险的深刻防范。而如果一只股票长期调整，并且多年没有主驱动浪，没有大的上升驱动，这样的股票一旦创出新高，就有可能处于一个主驱动浪中，就是我们梦寐以求的股票。因此，此工作是未来选股工作的基石。

本书着重从理论基础与角度做一些突破性的尝试，相关应用特别是实战交易类的应用将在其他专著和内部视频中进行深入解读，敬请关注本书公众号。

第十三章　破解短线江恩波动率

——一大浪的 NSM 定型

在前文的研究中，我们以宏观的数据为基础，数据最多时可用年线、季线、45 日线，研究中多以月线和周线为基础，这样，一旦 NSM 系统被固化，那么 NSM 线的比率就是波动率。这个波动率基本能预测某只股票未来的波动，长线 NSM 的固化必须以短线研究为基础，而短线波动率本身的破解，也是极具诱惑力的，甚至比长线波动率更有诱惑力！

一、突拉剧烈上涨的一浪

（一）华资实业（600191）（见图 13-1）

第一，加速前的启动点 A 制约了 1 大浪的轨道和高度。

第二，我们规定，起跳点 A 和最低点 O 的连线定义为基本 NSM 线，即 OAX 线为 NSMS（见图 13-2）。这样做大家可能不理解，因为最高点 6.18 元

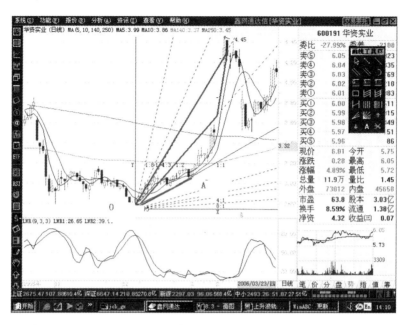

图 13-1 华资实业 K 线趋势 (一)

没有在任何线上，为什么？因为点 A 开始的快速拉升是衰竭浪！

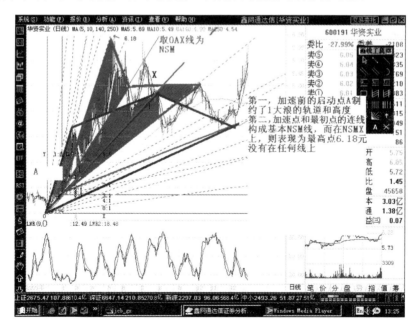

图 13-2 华资实业 K 线趋势 (二)

（二）ST 金种子（600199）

第一个问题：如何选定 NSM 的最初线？

在图 13-3 中，突击性上涨开始后，我们取最初起跳点 A 为新 NSM 系统的起点。在点 B 处，略做调整后，继续向上冲击，并见到 2.99 元的新高，但从图中可以看出，2.99 元没有到达 NSMS，也就是说，在点 B 处的上涨出现了衰竭。

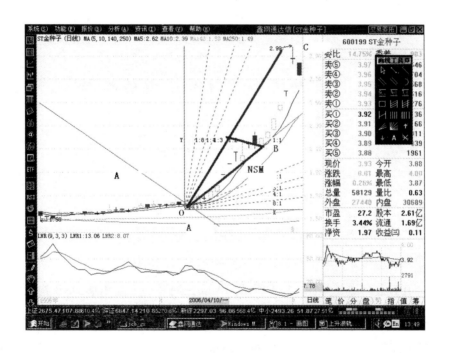

图 13-3 ST 金种子 K 线趋势

那么，我们一般不取最高点 2.99 元为 NSM 的 H 点，而取 B 点和起跳点 A 为 NSM 系统的 NSMX 线。这个 NSM 系统的波动率完美地规划了以后的上涨轨道。

第二个问题：把哪个时空周期线固化为 NSM 线？

一般来讲，像 ST 金种子（600199）这样的突然爆发性上涨本身包含一个非常明确的轨道，如图 13-3 中的 AB 线，这个支撑线严格地规定着突击性一浪的轨道（600199 的结束点也完美符合切分定理），我们一般规定，AB 支撑线以上的时空叫作上涨因子，而支撑线一般构成上涨的 NSMS 线。也就是说，支撑线构成了牛市生命线系统的最上限，而下面的两个时空我们规定为 NSM 系统的两个时空。

定理：突拉型一浪以最初上涨的支撑线为 NSMS，称为基准波动率 A。

二、启动浪为慢拉加速型的股票

由于这种股票最后采用加速型拉升，其最高点构成了启动大浪内部的完美细分浪，由此，其支撑线和顶点线构成一个完美的上涨时空，这样，我们就没有了关于衰竭产生后寻找基准上涨支撑线的麻烦。

定理：在建立 NSM 系统时，如果取高点，一般取最高点三天（周、月）的平均值为最高点，如图 13-4 所示。A 取三周平均。三角形 OAB 构成完美的黄金三角形。

以上简略的图谱，只为说明被世人视为深化的波动率，实际上只要确定了起点，一切皆可破译。关于取点问题，请关注本书公众号，未来将解密固化二浪之尾定理等核心内容，敬请关注。

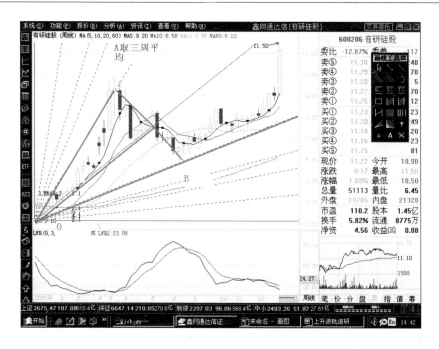

图 13-4　有研硅股 K 线趋势

第十四章　波浪简单化

所有的波动，在数学量化其高度前，必须有最宏观的结构。长期以来，波浪理论、缠论由于没有数学的介入而导致千人千面、千人千浪。在前文的强力规范下，我们拥有了比较强大的工具，即将波浪理论及缠论数学化，更深入的内容参见书尾所附视频内容。

这里给出时空波浪构筑方法核心公理：

公理1：大的浪型必须以上一个相反浪结束以来的历史最低点为原始起点。

公理2：一个正在运行的完美驱动浪，如果总在一个时空周期的通道内运行，则预示该驱动浪并未结束。

一、波浪简单化的基础定理

定理1：一个上升浪是否成立，要看起点开始的 NSM 系统中 NSMX 构成的支撑是否成立，支撑确认的标准和时点以创新高为标志。

定理2：大的浪型必须从上一个相反浪结束以来的历史最低点为原始起点。

定理3：公理2的推论1：一个正在运行的完美驱动浪，总在一个时空周期的通道内运行。在每个时段的阶段高点都建立一个NSM系统，只要从这里开始的回调见到NSMX支撑后，继续上升并能够创盘价新高，则认为该上升浪仍然会被细分，以此类推，直到有一天跌破了NSMX，确认对于这个驱动浪的相反运动开始来临，就是所谓的调整浪。

推论2：破掉以最新高点出发的总NSM系统NSM线后，NSMS和NSM间的时空定义为已经完结的主驱动浪轨道。

定理4：细分的驱动浪运行中，当最后细分浪的NSMX失败后，则定义主驱动浪结束。

新的下跌浪将调整一个时空周期。具体地说，必须回到以最新高点（周收盘价）为上点、原始起点为下点的NSM系统NSM线，而且这里肯定会产生新的上升。新的上升的力度和高度需要观察。

二、波浪简单化的手段——调整周期，观察全局数据

我们研究一切波浪的问题都是为了用于实战操作，而经典的艾略特波浪理论，无疑是早期研究者留给我们的一笔宝贵财富，但是该理论过于复杂，总是让我们先坠入云里雾中，千人千面、千人千浪。那么，有没有一些简单的办法将艾略特波浪理论简化，能够使用起来简单而又方便呢？下面，我们依托以上定理给出一些简单的原则和办法。

（一）宏观级别超级浪的寻找

当我们收集到一只股票的全部宏观数据后，将其 K 线级别放大，即如果数据过多，我们就看月线、季线甚至年线。这样，在最宏观级别上，随着拉升的结束，总会看到上升调整的时间、调整的深度，以及此后拉升的高度。

比如皖新传媒（601801）（见图 14-1），我们在日线级别观察时，浪型复杂而紊乱。当我们换到月线后，一个崭新而简单的形态就出现了。

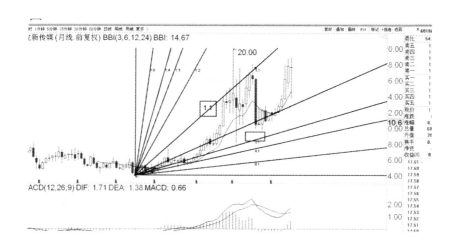

图 14-1　月线

可以看出，皖新传媒在一个大的拉升浪后，用一个月的时间达到时空周期下线的支撑位。而目前月线级别的连续小阳攀升已经持续了 5 个月，因为回调没有超过一个时空周期，我们就可以简单定义它处于一个最大级别的超级上升浪中。

如图 14-2 所示，赛迪（000504）在周线上很凌乱，在月线上仍很不清晰，找不到起点和终点，但在 45 日线上，图谱就变得很清晰，收盘价循规蹈矩。2000 年 5 月 11 日，形成牛熊转折定理的第一点，接下来的上升流畅而简单。

图 14-2 赛迪简单化与牛熊转折

总结以上两个例子，可以得出结论，即通过压缩 K 线周期之后，任何一个品种都可以找到清晰而简洁的超级浪型。

（二）若上升超过 10 倍、调整超过了一个时空周期的品种，则某个主驱动已经结束

这是一个非常简洁而实用的定理。大家可以用四川长虹（600839）、上海梅林（600073）等历史上曾经巨幅拉升的品种验证。拉升结束后，由于拉升剧烈，导致股票调整漫长、复杂而深刻。

简言之，当一只股票调整超过一个时空周期后，我们认为这个上升的反转已经开始。在超级浪级别上，只要没有完成牛熊转折，没有创出新高，就可认为它的调整浪一直在持续中。

以上内容基本可以将任何一只股票简化为几个简单的线段，而其详细定性是波浪理论数学化研究的核心问题，由于较为枯燥，再加上波浪理论数学化是一个极端重要而又复杂的课题，其定理、公理的推演将在笔者的另一本书中进行详细论述，敬请关注。

三、波浪简单化的例子：宏观的外表与返身固化

在图 14-3 中，中体产业（600158）的周线破位后，我们认为它的一个

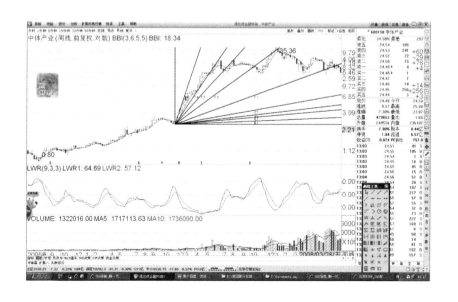

图 14-3　确认与返身固化

主上升驱动已经结束，因此，返身固化 35.36 元新高位置是某个上升浪的终点，也就是调整浪的起点。

这个时点（2008 年 8 月 8 日），我们要树立以下操盘思想并完成以下几项工作：①要树立破位概念；②返身固化浪型。如图 14-4 所示。

图 14-4 主上升浪的确认

如果 H1LLL 是某主下跌浪，而 LLLH2 升幅达到 40 倍，则认为是一个主驱动浪，是某个超级三浪或者超级一浪。

图 14-5 中 QQQ 点那个时刻，应该返身固化 H2L2 为已经结束的某二浪或者某四浪。

鉴于图 14-5 中 H3 已经高于 H2，那么，L2H3 那个上升驱动是某 B 浪或者某主上升驱动浪的一浪。

图 14-5　上升浪确认

而这取决于：

（1）如果未来股价调整跌破了 L2 所示的高点，那时返身固化 H3 为某 B 浪。

（2）如果股价在完美驱动 NSM 系统的支撑下创出了新高，那个时点则返身固化 H3 为新的大型主驱动浪的第一个子浪；同时证明，L2 开始的升浪是一个和 LH2 同级别的上升主驱动浪。

以上内容，将一只股票上市以来最大级别超级浪简单化、线段化，这项工作并不是毫无意义的事后研究，而是一项对未来操作有重要的前期研究的工作。它的意义在于，如果前期能够确认固化一个主驱动，那么对股票调整有了深刻的戒备，有了时间上的基本预期（起码要调整最大级别的两个时空周期）和对风险的深刻防范。而如果一只股票长期调整，并且多年来没有主驱动浪，没有大的上升驱动，那么这样的品种一旦创出新高，就有可能处于一个主驱动浪中，这样的品种是我们梦寐以求的。因此，此项工作是未来选股工作基石。

第十五章　时空波浪构造法则及基本定律

本章首先在波浪简单化知识的基础上，阐述独特的时空波浪构造法则，然后引入一些实战法则。

一、时空波浪定义及基本构造法则

时空波浪以江恩角度线、艾略特波浪理论以及耗散理论为基础，对金融市场波动进行跟踪预测的数理系统。它立足于对市场波动自然规律的认识，对波浪理论进行数学化、几何化，对市场的描述和交易对策连续化。

（一）研究市场从研究主驱动浪开始

在主驱动浪完美运行的时空，主驱动浪（以上升主驱动浪为例，下同）内部所有回调仅仅是回调且回调必须到达一个时空周期。如图 15-1 所示。

南玻 A（000012）正好到达一个时空周期的回调浪，我们定义为时空调整浪细分第一个调整浪。如图 15-1 中的 T+1 浪完美结束于 QQQ 点。

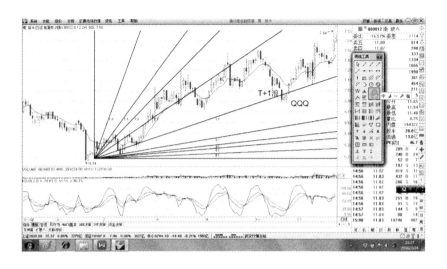

图 15-1　完美进行中的上升驱动浪

第二个回调到达了一个时空周期的回调浪，我们称为时空调整浪细分第二个调整浪。如图 15-2 中的 T+2 浪。

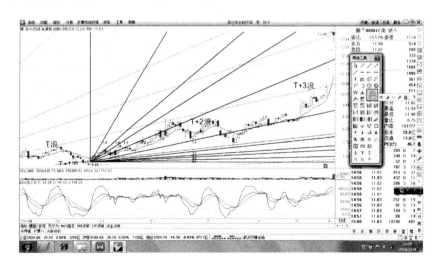

图 15-2　完美驱动中的细分调整浪的深度

以上进程循环往复进行，直到完美细分运行的主驱动浪结束。

（二）完美驱动浪结束的定义

完美驱动浪的结束，在前面章节中已经有所提及，这里我们将之系统化。

（1）基本方法：当回调超过一个时空周期时，则认为该级别的主驱动浪已经结束。如图 15-3 所示。

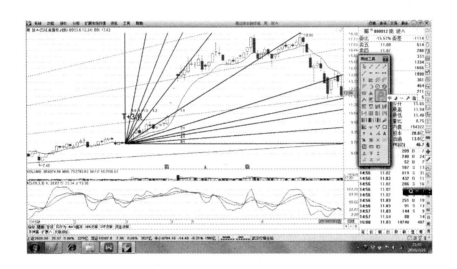

图 15-3　主驱动细分内部浪结束

（2）从最后一个内部调整浪细浪的最低点开始构筑的细分 NSM 系统（下降主驱动是 XSM 系统）被去掉。被去掉的数学定义是：在细分级别上，回调超过 3 个时空周期。

（3）剧烈的拉升产生时间价格形成正方形，构成转势。A 股市场经常直接拉升 1 个时空周期或者 $1\frac{2}{3}$ 个周期形成转势。

二、震荡波

　　震荡波（见图 15-4）一般完美持续一个时空周期，或者完美持续两个时空周期，一般不超过两个时空周期。其中，"完美"的含义是，能够到达，且正好到达，并到达就结束。

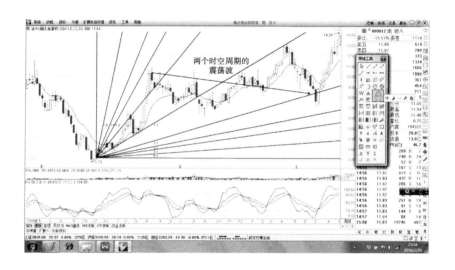

图 15-4　震荡波的复杂形态

三、时空因子的完成

　　回调一旦到达一个时空周期，则认为一个上升 T 浪和对它的回抽浪 T+1 浪已经完成，二者构成相互依存、互为有机整体的一个时空因子。一个时空因子的正负能量震荡完成后，市场进入新的震荡形态。如图 15-5 所示的 QQQ 点。

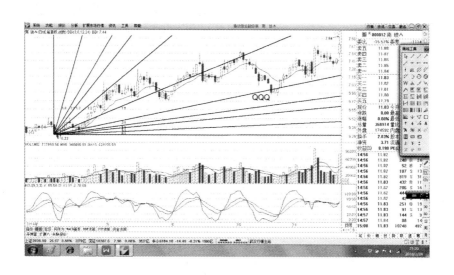

图 15-5　一个时空因子的结束

四、浪的复合

（1）市场由"主驱动+震荡波+主驱动"构成。如图15-6所示。

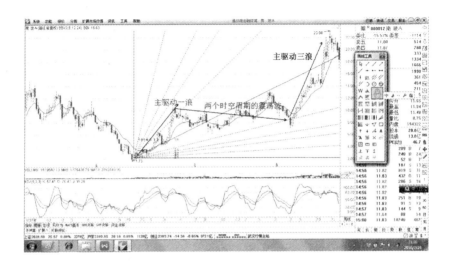

图 15-6　主驱动浪的复合

（2）如果两个主驱动浪方向相同，则这两个主驱动浪构成更大一个级别主驱动浪的分浪。

如果方向相反，则构成大级别的转折，转折出现后，性质不定。其性质的确定，需要在更大数量级的浪中确定。

这个原理可以直观地被看出，如图15-7所示。

图 15-7 杂乱无章的波动

图 15-7 中高度和浪型杂乱无章，但放到更大的浪级中，如图 15-8 的高度一目了然，则浪级一目了然。

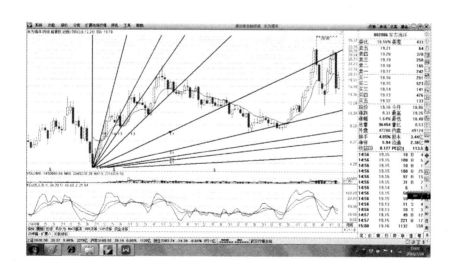

图 15-8 在更宏观的视野下清晰的内部驱动三浪

时空波浪是笔者独创的全新理论体系，其系统理论体系在笔者的其他相关著述中有详细阐述。按照出版社的有关要求，本书只将和实战有关的相关部分内容做一介绍。

第十六章　操盘前的准备

——宏观的思路

江恩时空交易对策系统，严格来说应称为江恩时空投资决策体系，它包含了江恩思想的内核但绝不局限于江恩理论，主要包括金融市场运动的自然法则和基于这个基础而构建的实战决策系统两部分。该系统具有 3 个特点：①跨学科性；②简易性；③数学化、几何化和确定性。取点是确定的，定理、公理是确定的。因此，在操作中务必遵循股价运行"数学几何之道"，修炼自己的性格，特别是买入时的心态。为此，在进入操作之前，我们将有关思路进行系统整理。

一、品种选择的高要求："双击"点的出现

（1）品种选择。其基础是做产业研究、行业研究、市场趋势研究等，这是价值投资和价值投机要解决的问题。所谓价值投资和价值投机，就是一个品种内在的投资、投机价值被市场发掘后，先知先觉的资金较早介入，经常

和主驱动行情的宏观时空一致。这部分的研究，相关著述极多，在中国证券市场，大家应该注意的是，要关注不同时期流行的主流观念和热点。一般而言，大的趋势主要集中于价值投资行情，而重组、成长性往往产生于市场资金不太充裕的小级别行情。

需要指出的是，在当前市场，我们要具有"买入中国"的大视野，所谓"买入中国"，是指任何时期、任何国家的证券市场，都和这个国家特定时期的宏观经济形势、宏观经济发展阶段、国家发展面临的主要任务紧密联系。如2006年的股权分置改革行情、2015年初的"一带一路"行情就是最典型的表现。良好的投资收益必然和你的视野密切相关。

（2）时机选择。宏观时空图形上，我们倡导要在主驱动的惊涛骇浪中进行操作，这些由前面章节的数学系统解决。在操作上，买入品种的选择须坚持价值投资和好的时空位置，二者同时出现，也可以叫作"双击"或者"双杀"。也就是说，必须同时满足具有价值投资（投机）的机会，图形上要位于好的宏观时空位置，二者缺一不可。

（3）在品种选择阶段，策略上要坚定贯彻"抓主驱动"的思路。

二、坚持保守型交易策略

实践和理论都证明，从较长的投资周期观察，坚持保守策略比那些坚持激进型交易策略的投资者具有更高的投资收益率，这已经被市场反复证明。同时，一些专门做涨停板的资金，虽然很开心、"很过瘾"，但它的波动性巨大，是普通投资者难以较好把握的。保守型策略，就我们的系统而言，有以下几个要求：

（1）对拉升高度、调整深度的研判采取保守策略的原则。这是指，当我们通过 NSM 系统对拉升高度进行预期或者规划、通过 XSM 系统对调整深度进行预期或者规划时，一般认为达到一个完美时空周期是正常的。而衰竭的情况更比比皆是。那些超越一个时空周期达到两个时空周期或者 $1\frac{2}{3}$ 个时空周期的股票，在一定阶段，市场中一般只有一只，就是所谓的龙头。我们不要期望总能抓到龙头，保守的策略能够让我们的资金减少回撤。

在图 16-1 中，这个预期千万不能用超强模式，一个时期市场只有一个超强，其余的拉升只有四边形法则中的正常合力到达的高度！

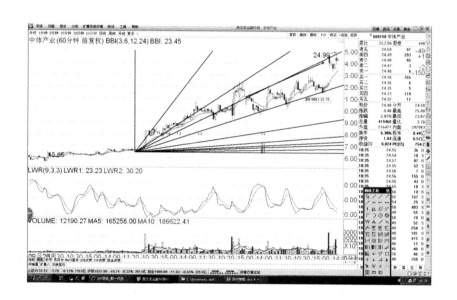

图 16-1　拉升高度的保守预期

（2）适度专一性原则。由于我们对市场拉升高度、市场盘整时间有数学和几何性的规划，因此当我们拉长投资周期，在一个品种上进行中长期的滚动操作时，可以比较好地回避由于过度追涨带来的资金回撤，可以享受主驱动浪长期的上升空间。因此建议，在一定时间段内，固定操作 1~3 只股票，而不是在市场中到处追涨。这样的操作终会有更好的投资收益。

（3）分散建仓和集中卖出原则。分散建仓和集中卖出原则，实质上集中体现了回避风险原则。因为买入时，包括在 XSM 位置的低吸、突破新高后的追涨，任何地方的超短线操作都具有一定的风险性，这时我们如果分散建仓，每次只买入 20% 仓位并设置好止损位，即使操作失败资金回撤也微乎其微。但是，如果全仓追入，那么一个 10% 的回调就很有可能破坏整个心态。同样，集中卖出的原则，实质是当拉升到达一定高度后，将主仓，比如 80% 的仓位一次性卖出，可以保住丰厚的盈利果实，而不去承担接下来回调的漫长的痛苦。

（4）学会空仓等待和 T+0。这是指性格的修养和时间安排，在前面已有论述。

（5）指数位置。在买入操作时，关注指数的宏观时空位置，并制定不同指数环境下的对应操作策略特别是仓位策略，是需要具备的另一个基本功。因为指数处于下降通道时，下降主驱动的风险巨大。相反，当指数处于上升轨道时，个股的表现会相对平稳和活跃，牛股会层出不穷。回避指数下跌的系统性风险是操作成熟的又一个表现。

（6）人性的波动性和自大基因。把一定时间段的操作维度拉长，我们的操作也总处于一个波动指数中。比如，一次追涨的成功总是导致自信心的滥觞，后面紧接着的必然是失败。因为那次成功只是市场处于资金泛滥、好的宏观时空而已，并不是你多么优秀和先觉先知。因此，交易策略应顺从这一规律，一击成功则退出市场，而不是在新的品种继续老策略的重复；相反，一旦追涨正确，下次则宜适度低吸，低吸成功下次则应适度追涨，这些原则和市场的共振是大幅盈利而保持小幅回抽的基础。

三、交易九部曲

一个操作有九个环环相扣且不可缺少的步骤：

（1）基本面研究。

（2）超级浪宏观定型（构建超级 NSM 系统或者 XSM 系统）。符合，加入自选股票池；不符合，任意一个淘汰。

（3）细分浪定型。

（4）寻找主驱动（波浪简单化）。

（5）逐步建仓：低级别 NSM 的小仓位（固化二浪之尾，构建动态 NSM 系统）低吸和突破关键 XSM 位置的追涨。

（6）建仓一旦完毕，当天对未来运行轨道做出规划：①规划细分浪型（完美驱动定理等）。②规划高度（SQUARE 定理）。③筑上升通道，严格按轨道操作。

（7）符合规划，坚持持有（NSM 动态跟踪系统持续看盘）。

（8）跌破规划关键支撑，全仓卖出（主驱动浪衰竭定理）。

（9）到达规划的止盈位（SQUARE 定理）80%卖出。

所有的操作都必须严格遵守以上程序。

四、先胜而后战

古人讲，运筹于帷幄之中而决胜于千里之外，其本质是先运筹于帷幄之中，规划设计在先而战斗在后，故胜负战前已定，战果早有预期。这是我们在证券市场交易中追求的最高境界。为达成上述目的，其基础条件前面已经做了许多的论述，主要包括：一个良好的数学交易系统，一个铁的纪律，一个正确的心态。这是先胜而后战的基础。这里仅就大家最关心的技术层面和操作层面如何做到先胜而后战，谈谈以下几个方面的感受：

（1）介入点的时空位置要具有低风险性。这是指第一次买入的时候寻找低位品种研究。首先是牛熊转折定理的级别一定要大、要早。换言之，就是熊市持续的时间要足够长，所谓蓄之久，其发必速，如图16-2所示。

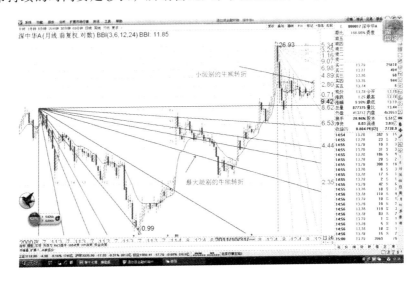

图16-2 大小级别的牛熊转折对比

牛熊转折后介入时机的选择上，既要果断，更要不躁，学会等待。实际上，在证券市场交易中并不是所有的急拉品种都没有介入的机会，拉升之后的调整中，甚至在 5 分钟级别上依然可以看出其内部细分浪型和牛熊转折。实际上只要超短线做坚定的坚持就会发现，在微浪级别，V 调整之后会变成 W 调整的一小部分，5 分钟级别的 W 底会演变成 15 分钟级别的 W 底的前半部分。因此，我们要知道，只要你观察它，则永远有买入的机会。务必不要一时冲动满仓追入，这是初学者和性格急躁者的大敌。应学会不急不躁，学会等待和忍耐，和时间、和自己作战。

（2）买入前一定要规划好其拉升高度。战斗之前已经知道了结果，善之善者也。这一点非常重要。使用 SQUARE 定理给出预测高度、用确定的固化二浪之尾规划一个上升驱动浪内部的细分浪等方法，用确定的几何法则对股价的未来进行预期和规划，我们就能够比较轻易地找到其拉升的高度和风险位置，一旦到达就提前卖出。这里，我们要坚持只吃主升浪的原则，给交易对手留出一些剩余的获利空间。实践证明，这种保守的策略，让我们的交易更从容，心态更淡定，反而会获得更好的收益。

（3）止损单的坚决执行。我们做每一笔单子，在买入成交之后要迅速而坚定地给出止损单。这是必须坚定执行的，不可以因为任何的跳空缺口、任何的心态摇摆、任何的突发事件而受到一丝一毫的影响。这样我们的资金回撤就能够得到控制，从而在大的上升浪到来时，我们的资金可以迅速增长。

读完本章内容之后，大家可能有了一些超越数学之外的新感受。笔者也曾有过这许多的心路历程。在此，将某年秋天那如入禅境般的经历和大家分享。

那个傍晚，驱车西行，眺望远山，轮廓如股指的曲线起伏。

投资人心中的圣地犹如远方的山，我们前行有不同的路径，也许你变换车道后，会发现，原本快车道变成了慢车道，反倒后车追赶到了前面。可是下一个路口，我们选择了不变路，却发现隔壁的车轰然前行，我们的车道却蹒跚难行。

这就是不可测性。

还好，自从有了 NSM 系统和 XSM 系统，我们知道，在每个时空周期大致的波动速率，我们回避在牛熊混战方向未明的震荡周期，努力选择方向明确的主驱动周期。

这是我们意外的收获。

由于你的交易系统的存在，当大约知道股价的几何发展模式和较为精确的目标位置后，投资变成了一场愉快的旅行。

我们眺望远山，

多变而不变，

无为而无不为，

先胜而后战。

第十七章　构建属于自己的
数学交易系统

　　证券交易市场是一个非常残酷的市场，作为一个初学者包括一些已经有3~5年经验的投资者，依然难以把握。而你一旦下决心进入这个市场，一个充满机遇与挑战、充满快乐、充满残酷和泪水的旅程就要开始了。在开始这段旅程之前，你要系好你的安全带——自己的数学交易系统、铁的纪律、良好的心态等。在本章，我们把交易前所必备的一些知识做系统梳理。

一、确定宏观时空位置——全部的数据

　　基于对自然规律的深入认知，江恩时空数理操盘系统对市场研判有其独到的地方，甚至有些已经公开的某一部分内容也曾被市场视为绝密，舍得全盘拿出来交流的研究者并不多。但是，我们将主体框架基本公开。同时，系统所基于的一些基本规则，我们是要懂得的。比如，手机全部时空的交易数据（这是确定宏观时空浪的基础）、确定宏观时空浪的位置等，这些都是交

易某只股票之前要做的一些基础工作。现分述如下：

我们所谓的寻找宏观时空浪的位置，实质上是为了确定其基本的最大级别的上升时空、下跌时空、盘整时空，并确定我们身处何种浪型中。我们梦寐以求的，是寻求身处大一浪或大三浪等主驱动浪运行的时空。但这种机会，在历史的交易时空中，特别是中国的证券交易市场中、熊长牛短的迅疾运动的交易市场中，因为其经常持续 5~10 时段才有一次上升浪的交易机会，因此如何保持定力、收集全部时空数据、加强研究成为我们更重要的功夫，而不是终日忙于一些无谓的交易。

收集全部的宏观时空交易数据，就是要把一只股票上市以来所有的交易数据收集全，这样通过拉长其分析周期，比如月线、季线，甚至年线，可以得到一个品种最宏观级别上交易所留下的轨迹。当这类图形看多了之后，基本上可以一目了然，知道当时其处于一个上升浪、下跌浪还是盘整浪——用 NSM 系统、牛熊转折定理、波浪简单化来判定基本的浪型。

首先，基本的浪型确定以后，我们可以剔除那些处于调整浪、盘整浪或者杂波时段的股票，而专注于那些处于上升波浪中股票的研究和细分操作。这个上升波浪是有数学定义的，也就是可以采用牛熊转折定理，在月线级别甚至季线级别分析其到底是不是已经完成牛熊转折，这是保证交易成功的最重要的基础之一，也是收集全部宏观数据的目的之一。

其次，我们关注的股票要有 3 年以上的交易时间。在许多交易市场，由于资金量的庞大和一些主力资金在特定品种上参与过深而刻意控盘，它们可以操控交易品种的短线走势。这样，如果我们去追踪一个短线品种的交易数据和走势，在一定时空内是可以被操控的。但是，经过 3 年熊市沉淀的品种，注意是熊市的沉淀（一般来说，这种连续操作 3 年以上的大资金，可以称得上长线资金了），我们跟随主力进入主升浪，即使有操控也正如我们所愿。但如果上市时间过短，在主力的复杂波动和小级别的骗线中，很可能被波动迷惑。

最后，我们收集全部的数据，不仅包括交易数据，更希望得到在不同数据时空对应的财务状况、股东状况、重组状况等数据。股东的变动、重组、企业收益的提高等，都和时空浪的运行有一定关联，虽然不是完全的正比和正相关，但我们通过错峰分析，完全可以寻到他启动主升浪的一些脉络。因此，对基本面的财务数据、重组、股东数据的研究也是研究交易系统的一部分。

在以上工作完成后，下一步工作的重点是寻找那些处于上升时空的股票，这个工作要遵循一些重要的原则，比如，有浪可数方去数。

二、在主驱动浪中踏浪（有浪可数方去数）

本部分内容前面有文字论及，这里从波浪简单化角度，用图谱说明。

有浪可数方去数，是套用一句古诗而来。这句古诗大家都知道，叫作有花堪折直须折，莫待无花空折枝。股市的运行和自然界一样，有其春夏秋冬，阴晴圆缺，潮起潮落。我们在潮起的时候，在春来花开的时候介入，就能得到秋季沉甸甸的收获。相反，我们在肃杀的秋末进入，那么等待我们的很有可能是漫长的寒冬（注意：这里的季节都只是比喻）。我们说的这个"春夏秋冬"也好，潮起潮落也罢，对应在股市的交易数据上，许多是以年、月计，而不是以周、日、小时计。短线的波动我们自有其他的办法解决，而所谓的有浪可数方去数，主要指最大的宏观浪型上。

有浪可数方去数，包含了两层的意思：①如果要介入某个品种，必须判定它现在处于什么宏观时空浪型；②只在有浪的时机介入。那么，首先面临的问题是用什么方法实现波浪的简单化。这部分内容在前面的章节和实战部分章节有较为详细的描述，举一个例子来做进一步的梳理和讲解。

深中华 A（000017）。从图 17-1 中可以看到，2015 年 4 月，该股放出巨量突破了盘整长达 20 年箱体，并创出新高，而此后 6~7 根 K 线（45 日 K 线）的时间一直处于盘整状态，我们如何对这个品种进行波浪简单化？

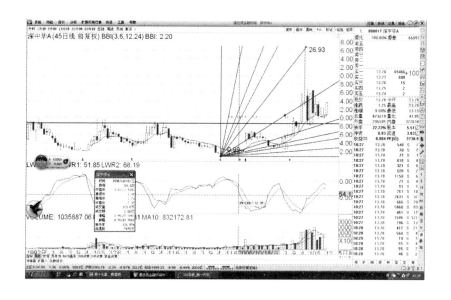

图 17-1　深中华 A（000017）的波浪简单化

波浪简单化有三个必需的工具，或者说有三个必需要做的工作：第一，收集全部的宏观时空数据；第二，波浪理论；第三，时空波浪理论。实际上，我们仅仅应用波浪理论一些最基本的简单原则，就能得到很多有益的启示。比如深中华 A（000017），它突破多年的新高后，我们认为该股正在走出一个主升一浪或者主升三浪的态势。而至今由于它的上升时空仍然处于完美驱动中，因此，我们认为这个上升一浪或者三浪仍在进行中。

波浪简单化务必把握主要矛盾，粗枝大叶，大而化之，不要拘泥于细节。这样，我们就可以用最简单的工作和最短的时间，达成某个品种的波浪简单化，从而确定其是否进入我们的长线股票池这个基本目的。当今，沪深股市有数千交易品种、全世界海量交易品种，这些品种是很有实用价值的。

再看徐家汇（002561）的例子，如图 17-2 所示。

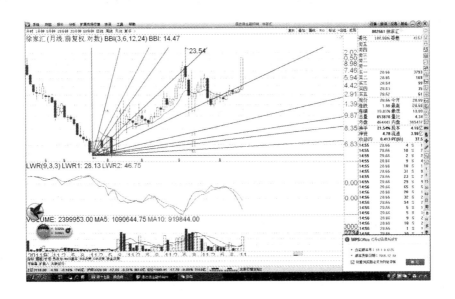

图 17-2　徐家汇（002561）的波浪简单化和初步研判

徐家汇在 2015 年 6 月创出了 23.54 元的新高后，并没有迅疾向上拉升脱离主力历史成本区域，而是在上市的最高价附近做简短盘整后迅速回抽 NSM 系统的 NSM 线。这样，我们就可以对 23.54 元这个上升浪做一个简单预测：要么是一个新主升浪的一浪，要么是某一个反弹的大 B 浪（这个大 B 浪假说，是假设在史前，就是上市之前，其开盘价过分透支业绩，开盘就是某大主升浪的终结），23.54 元这一波拉升，只是某个上升浪调整浪的 B 浪。

以上两种假设，需要股价出现两种新情况后重新固化。一是如果此后股价跌破 2012 年 11 月 5.78 元的新低，则确认 B 浪；二是如果股价突破 23.54

元，创出新高，则确认是主升浪的持续。所以，在漫长的时间流逝中需要的是耐心和等待。

但无论什么结局都不影响此刻我们对波浪简单化的结果：由于图 17-2 中 NSM 线的支撑存在，无论是主升浪，还是 B 浪，都是一波上升驱动，我们只需将股票加入自选股池，置于介入时机和价位，则是其他定理（比如细浪级别的姆定理等）要解决的问题。

三、寻找主驱动浪

市场获得巨额利润的关键是能抓住主上升驱动浪。因为做反弹从来培养不出巴菲特，而只要抓住了一个主驱动，短时间内就能够创造 1 倍乃至 10 倍的利润，因此识别主驱动，而不拘泥于其他细节，是实战操作的核心内容。

如何识别主驱动？后面实战部分有专门章节进行数学化、几何化的分析，此处从简。

四、心态调整及仓位控制

心态问题是一个复杂的问题。我们需从三个方面对心态问题进行解剖。希望大家对这部分内容高度重视。解决这个问题是交易获利的最关键环节，甚至超过前述数学系统。

（1）进入市场的目的决定了你的心态。有些散户投资者为了追求蝇头小利，一经进入市场便不能自拔。对于这种投资者和这部分资金而言，短视性、无目的性、无规划性、无纪律性甚至巨亏后零股交易者放纵的心态，毫无纪律性导致你最终的命运只能是一条：要么惨亏出局，要么在市场摸爬滚打多年依然找不到出路。还有一类资金是一些所谓的短线战法的资金，抱着迅速获利的目的，使用涨停板战法等工具追求暴富。但历来风险和利润相伴随，这种对暴利的追求、对快速拉升图形的追求，往往伴随更大的风险。如果处理不好心态、止损和仓位控制等问题，那么这类资金会更快地被市场淘汰。

（2）性格因素决定了你的事业的高度。心态的问题更多的是个性问题。有的人生性暴躁，失之于武断。这种性格脑子一热就去开仓，是最不适合进入证券市场的性格类型之一；有的人性格天生温顺，但失之于犹豫。他们在证券市场观察到了很多机会，但往往因为犹豫而错失好的介入时点，犹豫之后再次追入时又追在高点。犹豫型性格也是证券市场的一个大敌。

那么，什么样的性格才是一种好的性格？什么样的人才适合做合格的投资者？我们认为，性格圆融、不急不躁、静如处子、动如脱兔，日常修养全身正气，动时刚毅勇猛，这样的性格才是我们追求的理想目标。人性中正面的、积极的因素是证券市场参与者修身的基本诉求。实际上，人生条条大路通罗马，在其他领域的成功，也必须具备这些性格，在证券市场上也是如此。

（3）知足即富。修养及性格养成。为达成上述性格修养的目的，有许多先贤著述可供我们参考。比如，老子无为而无不为这种对自性的追求；孟子平时之养与动时之用的论述；王阳明心学对知行合一、致良知、静亦定动亦定的追求等。这些理论都为我们修身提供了很多的便利，特别推荐大家读一读王阳明心学著作和老子的著作。这些著作对人生圆融、对人生目标的树立、性格养成极具现实意义。

第十八章　不同时空分型的演化性质及初步操盘对策的建立

当深入研究角度线后，在建立了一系列生长演化的定理、公理后，在确立了基本的纪律和规则后，我们已经可以将所有交易品种的图形以及此后的生长演化进行分型、分类。每个类型未来的生长演化都可以进一步地归纳分类。这样，通过对每个时点的宏观时空分型就得到了比较正确的交易策略。

让我们逐步揭开所用交易品种的面纱，用时空临界线等手段对所有品种、所有时段、所有波动进行初步分型，对市场做全方位扫描，而后给出交易品的未来。

一、证券交易品种形态分类的总结及相互演化

我们的目标是，运用前面牛熊转折定理及时空临界的知识，对所有交易品种所处的任意时空、所有时间点给出统一模式的分类，并对不同时空区间的品种给出未来可能的演化方向，进而给出持仓及交易对策。

综合前面的章节我们可以得到以下的结论：

综观世界所有金融证券品种的历史走势和正在进行的演化，从全部交易数据和时间上，无非处于以下几种波动形态的一种，绝无例外。如图18-1所示。

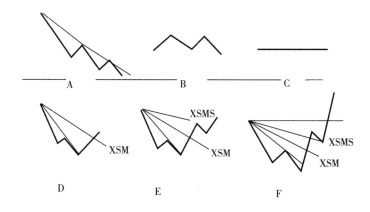

图 18-1　证券交易品种分类

第一类：微涨落系统。资金持续流出的品种，包括 A、B、C 三种类型。

第二类：巨型涨落系统。

D：下降通道被破坏，反弹超越了一个时空周期（XSM），但最高只能到达第二时空周期上线的品种（XSMS），下降被破坏，已经出现反转信号的未知系统（可观察品种）。

E：下降通道被彻底破坏，反弹超越了两个时空周期（XSMS），已经出现反转信号的未知系统（深入观察品种）。

F：反弹出现新高（进入自选股票池，深入研究品种）①。

剔除 B、C 两类没有操作价值的品种以后，实际上，A、D、E、F 四个类型之间，是逐步生长、演化、演进的关系，我们对 A、D、E、F 四类时空

---

①　范风军，鹿乔乔．江恩时空操盘技法［M］．北京：地震出版社，2019．

分型生长演化进行详细说明，并给出初步的操盘对策定理。

二、A类图形生长演化的方向及交易对策

（一）A类品种的生长演化

我们从已经建立的知识体系逐一分析其演化和时空性质及对应的交易对策。

A类品种实际上代表的是持续下跌的品种（这类品种在历史上是出现过的，比如某些认购权证和认沽权证，持续的资金流出，直到最后价值的归零），是典型的下降主驱动浪，它未来的生长演化，无非有两种可能（见图18-2）：第一种，向上突破1：1线（XSM），逐步向D类模式演化。第二种，继续向下创出新低，延续A类模式。

图18-2　A类品种的生长演化方向

（二）对应的分析思路及操盘法则

鉴于存在以上两种截然相反的可能，在变盘前我们遵循保守的操盘法则。

A 类时空模型的操盘法则及基本交易对策：在突破长期下降压力线以前不介入（一般就是未来的江恩 1∶1 线）。从战略层面讲，基本可以忽视其的存在。

未来变盘观察点：等待股价出现以下两种现象时必须重新决策：①创新低；②向上突 XSM，就是说反弹到达一个时空周期。

如果创新低，用新低为新的点做全新的下降 XSM 系统（详细画法参见前面章节），重复上面的过程。

三、D 类时空模型生长演化的方向及交易对策

（一）定义

D 类时空模型指当某只股票长期下跌时，随着时间的推移，股价反弹达到并且超越一个时空周期但没有到达两个时空周期所处的时空区域。其中，和时空周期上线的交点是一个重要时空平衡点，就是图 18-3 中的 P 点。

股价从 P 点运行到 F 点所处的时间和空间的演化进程，称为 D 类演化模型。

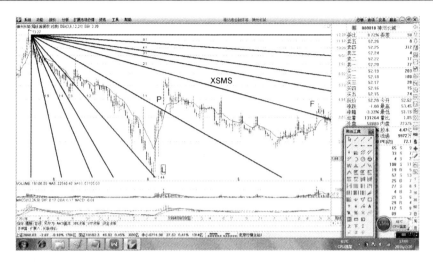

图 18-3 D 类时空模型可能的生长演化的方向

（二）性质

股价翻越第一个时空周期上线后，市场进入多空拉锯区域，就是说空方连续打压流畅下跌的气势已经被瓦解，市场的恐慌气氛被一片反弹声音代替，市场阴阳交替，但却不再创出新低。同时，多方也还未能建立起有效的进攻能力去突破 F 点。时阴时阳、捉摸不定是这个时空演化模型的最大特征。

（三）分析手段

如图 18-3 所示，熊市生命线上线（XSMS）成为最重要的关注区域。同时，反弹以前所产生的绝对低点 L 也必须被关注，这个低点如果被有效击穿，则时空模型回归 A 类模式。

（四）交易思路

这个时空区间，市场时阴时阳、捉摸不定，最好的选择是休息，大资金也可以选择部分先头部队进入市场试探市场温度。过去一些理论中，大资金吸筹所留下的痕迹，比如长上影线、温和的间歇放量，经常出现在这个时空区间。

（五）演化方向

第一种可能：股价在 XSMS 熊市生命线上线的压制下长期盘整后突破，完成牛熊转折定理规定的三个条件，形成经典的牛熊转折定理所给出的图形，直接在细分级别完成主升时空波浪之一大浪。也完成 D 类时空向 E 类时空演化的经典图形。如图 18-4 所示。

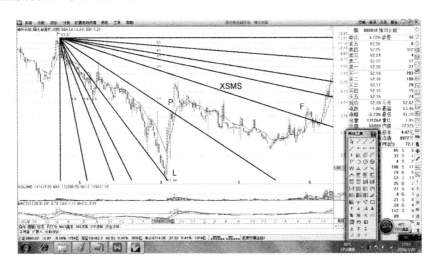

图 18-4 从 D 到 E 时空模型的演化形态

第二种可能：股价在 XSMS 处形成毛刺，然后在 XSMS 压制下创出新低，形成通常意义上的 B 浪反弹，转而运行新的大下跌浪。因此，F 点是一个最敏感的时空平衡点，这里构成本书中最受重视的一个奇点，这里的操作必须专注而小心。

需要指出的是，这类演化并不常见，一般不发生于长期熊市的后期，更多地发生于长期上涨后的首次大幅下跌之后，形成传统意义上所说的 B 浪反弹。如图 18-5 所示。

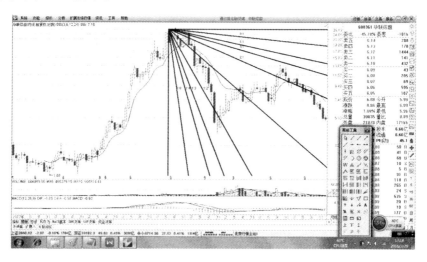

图 18-5 D 类反弹的失败

四、E 类图形生长演化的方向及交易对策

（一）定义

E 类时空演化指当股价翻越 F 点有效完成牛熊转折后，到创出历史新高之前或复杂或简单的漫长时空区间。如图 18-6 所示。

图 18-6　E 类演化的时间和空间

（二）性质及演化规律

E 类时空是最捉摸不定和复杂的时空演化时段，这里有的简单异常、暴力拉升、直创新高，有的曲折蜿蜒、复杂多变。但在这个时空中，由于多方资金已经嗅到未来巨大的上涨机遇，不同来源的资金开始大显神通，在其中或震荡或打压，让已经接入的普通投资者感觉捉摸不定、心有余悸（和传统意义上的洗盘阶段有相似之处）。在新高前许多投资者选择了出场观望，这正中主力资金的下怀。

（三）演化方向

第一种可能：在 NSM 支撑下创出新高，演化为 F 类时空生长模式，如图 18-7 所示。

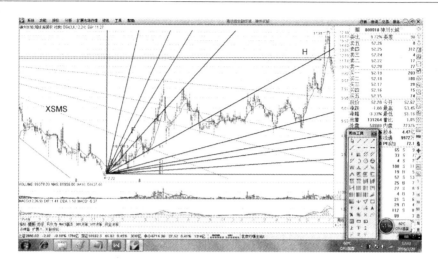

图 18-7　从 E 到 F 的顺利转化

第二种可能：在头部区域形成震荡，演化为失败的 B 浪。

（四）分析手段

对这个区域的分析与把握，是最难和最具挑战性的。在这里，我们有必要再次重复前面基础的和波浪简单化有关的定理，即完美驱动定理：任何回调持续且只能持续一个时空区间。

另外，任何回调如果从时间和空间上超越了一个时空周期，则认为从这个最低点开始的主上升浪已经结束。

这个时间和空间一般可以简单化为大一级别的上升浪，对应艾略特波浪理论中所处的一大浪、反弹 B 浪等。

由于 E 模型演化直接关系到我们最关心的寻找主驱动浪，这里将这个问题细化。图 18-7 演化成如图 18-8 所示。

图18-8 E类演化生长的复杂模式

在股价于 S 点跌破 1∶1（NSM）线后，我们把股价从 L 到 H 再到 S 的漫长时间和空间，简单化为一个主上升浪。至于这个主上升浪的性质，要从再大一个级别时空区间定性，有关内容见主驱动浪的确认等相关内容。

（五）交易对策

这里的演化相对复杂而分型较多，将在实战部分的相关章节对应具体的实例详细进行讲述。

五、F类图形生长演化的方向及交易对策

F 类时空演化模式是指，股价在 NSM 的完美支撑下创出新高后，开始主动上攻阶段，这是我们关注的主要获利阶段，也是本书最关注的内容之一。

六、上证指数全景时空演化图

1993 年 2 月，上证 A 股进入大熊市阶段，我们假设 1993 年 2 月进入这个市场，我们不知道未来，我们应该如何面对这个未知的未来？

第一个阶段：熊市阶段（见图 18-9）1993 年 2 月～1996 年 8 月 30 日。

根据牛熊转折定理和前面确立的基本交易策略，大熊市阶段应不操作或者微仓操作。

值得指出的是，这个阶段对应图 18-9 中的 A 类型。

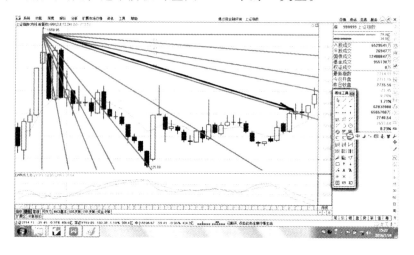

图 18-9　熊市阶段

第二阶段：混沌阶段，如图 18-10 所示的 E 阶段，这期间在大的系统下，熊市已经被"革命"，风险小于收益，市场牛熊间杂，突破牛熊线后多方开始占据有利地位。

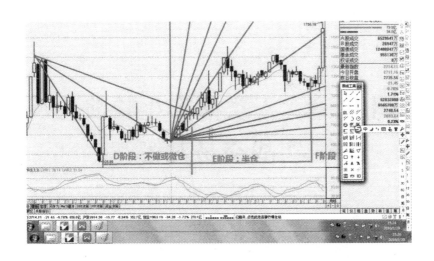

图 18-10 牛熊转折后和创新高前（E 时空模型时段）

第三阶段：大牛市阶段（见图18-11）。对应 F 类型。

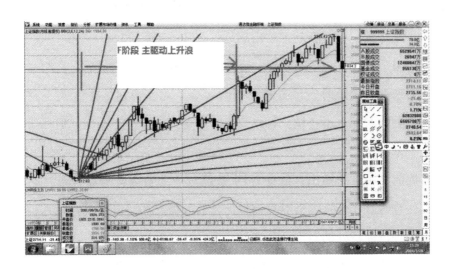

图 18-11 F 时空模型时段：主驱动浪

第十九章　A类图形生长演化及实战交易对策

面对繁杂的证券交易品种和漫长的交易历史数据，我们有了牛熊转折定理，仅仅知道了什么时候不可以做多，什么时候不适合做空，但要真正进入市场盈利，必须对品种所处的时空类型进行定性，在牛市的大波段中做多，在混沌市中休息，在主驱动下跌市场休息或者放空。

在运用系统及其一系列定理、公理对交易品种进行描述后，在交易前我们必须对所处的宏观时空位置有正确的客观认识，特别是在A类下跌模式下，我们如何跟踪、小仓位交易以及及时捕捉到转市，才能为以后抓住主驱动浪打下基础。

根据前文所讲的知识，依据NSM系统对沪深全部交易品种进行时空分类，将任意时点、任意图形对照前一部分的分类方法，进行类比代入，即可得到该品种目前所处的时空，其交易对策、仓位控制一目了然。

从本章开始，要试着用不同的随机的实战品种，在各个不同的复杂运行演化中去对比、画图，以便应对日常交易中每天变化往复"在人们眼中毫无规律的"未知。

读完本章，你还需要做大量的图谱练习，以寻找某个品种的全时空图谱特别是在熊市阶段（Ａ类时空模型）下亲自手绘图谱。通过这样的训练，你会感觉到股价在时空线构筑的维度来回波动而不敢越雷池半步的震撼，这样才更能培养出你的信力（相信才能有自信和定力），培养出你一身的静气，去捕捉大波段惊涛骇浪的上升！

一、代入法实战之熊市过程追踪之
Ａ类模式（600363）

在学习了时空波浪有关定理等知识后，我们进入实战模式。打开软件，我们任意打开一张图谱［以联创光电（600363）为例］，在关键转折点，拿出同位置的华微电子（600360）做对比。

（一）联创光电（600363）的熊市出现

联创光电（600363）2001 年 3 月上市，按照牛熊转折定理的规定第一条，新股从第三年开始研究（并不是这些规律不适用 3 年以内，我们主要研究真正的反转，而新股上市 3 年内的研究可以用上文分型对号入座）。2004年 3 月，经过 3 年的大浪淘沙，我们研究联创光电内在波动规律，应如何判断它的时空位置，未来又该如何操作？

自 2004 年 3 月，我们采取双盲模式，不看后面的 K 线图，该如何描述、预期、规划它的未来？如图 19-1 所示。

1. 作图方法及思路

第一步：如图 19-1 所示，该股最高点和最低点分别是 2010 年 4 月 30 日的 28.2 元和 2003 年 10 月 30 日的 5.68 元。连接这两个点构成系统的 1∶1

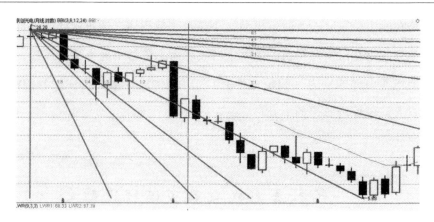

图 19-1 联创光电（600363）下降 XSM 系统的第一次构建

线，也就是 XSM 系统的 XSM 线。

第二步：对比分型图，我们看到，该走势属于 A 类模式。根据 A 类时空模型的操盘法则，只需要简单运用牛熊转折定理，等待熊市的结束，在此之前需要做的仅仅是观察、等待，与时间作战（古人曰：吾善养吾浩然之正气，至大至刚，充塞于天地之间，黄中腠理，与天地合为一体，不动，通天浩气为养，静而不用也；动则浩气冲天，动也，用也。无平时之养，哪来动时之纯净刚毅！做股票期货外汇，殊途同归，一曰个人修养，二曰纪律，三曰一个良好的测市系统，三者缺一不可）。最基础的是第三良好的测市系统，决定亏损或者盈利的是第二条，而第一条是你最终成功的最关键，技术上成熟后，就是良好性格的修养、良好健康生活习惯的培育。这个与时间作战的养成实质是我们性格修养提高的过程，也是王阳明所谓知行合一、至诚、励志的过程。

2. 对策、思考模式

交易对策：不介入、不分析、不建仓。

未来变盘观察点：只观察，等待股价出现以下现象再重新决策：这些现象无非有以下两种可能：①A 创新低；②向上突 XSM，就是说反弹到达一个时空周期。对应的思考模式则是画图对策：如果创新低，用新低为新的 B 点做全新的下降 XSM 系统，重复上面的过程。

（二）新低后连续的新低

截至 2005 年 8 月，每次新低，我们都将第二点下移，等待反弹的出现。由于其间的任何反弹均未到达一个时空周期，因此都定性为杂波。

交易对策：不交易，空仓。

联创光电 2005 年 8 月创出 4.71 元的新低，我们构建的 XSM 系统如图 19-2 所示。

图 19-2　XSM 系统

2006 年 6 月联创光电走势如图 19-3 所示。

图 19-3 时空临界的平衡点

XSM 系统的高低点不变，反弹到达一个时空周期，到达后出现了 6 个月以上的震荡反复，不再流畅上升（这里，连续的下跌持续了 56 个月，反弹到新高仅持续且正好持续了 11 个月。这两个数的比例，很神秘，要记住，以后会用到）。

（三）继续下跌

从交易角度讲，连续的下跌有可能结束。下跌力量有可能被多方压制，目前处于时空临界点。同样的例子，上证指数 325 点以来的完美反弹，如图 19-4 所示。

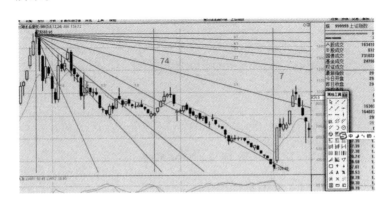

图 19-4 上证的时空临界点

我们画了无数张图只知道：到达临界点之前，我们不操作，连看一眼都觉得多余，更别说把资金转进股票交易账户了。

因为一直是下降力量——空方力量在主导局势。而现在，局势可能有变化。艾略特波浪理论仅需跟随趋势。现在，局势可能发生了变化。

（四）A-D-E 类模式的演化与突破

联创光电（600363）突破 XSM 后的演化

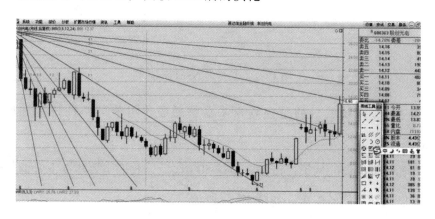

图 19-5　从 A 到 D 时空演化的变盘节点

D 类时空模型下的交易对策的要点是，翻越第一个时空周期后，股价进入多空拉锯区域，这里需要建立低一个级别的 NSM 系统，依托 NSM 系统的支撑小仓位参与。

进入 D 类模式后，市场一般有两个演化模式：一是连续拉升型，直接完成牛熊转折定理规定的三个条件，直接在细分级别完成主升时空波浪之一大浪；二是经典型，在 XSMS 熊市生命线上线的压制下长期盘整后再突破，完成牛熊反转。

因此，此后首先要思考的是，在低一个周期，即日线级别建立小级别的 NSM 系统以观察这个反弹能否形成反转还是归于失败，如图 19-6 所示。

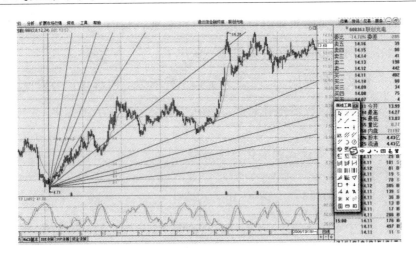

图 19-6 反弹的 NSM 系统

建立这个系统的目的是规划未来盘整后股价可能的回抽位置和突破方向。

再看恒生指数的例子，市场在翻越50%线后，我们也要建立上升的 NSM 系统，以规划可能的牛市，如图 19-7 所示。

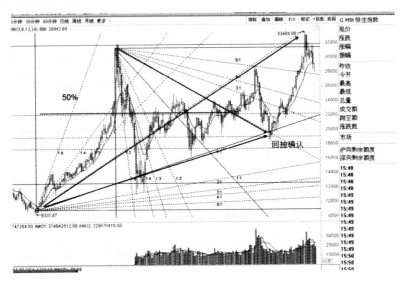

图 19-7 恒生指数的 NSM 系统

以上例子此后演化的详细分析，读者可以参考前文及姆定理部分的内容自己画图练习，这里不再赘述。

必须指出的是，建立这个系统的目的是规划未来盘整后股价可能的回抽位置和突破方向，也就是股价上涨进入 E 类模式、F 类模式之前甚至变盘的瞬间，我们能够第一时间发现。而一旦被纳入我们视野的股票，就进入了主驱动浪的操作——梦寐以求的 F 类品种。而在这个主驱动中如何细分操作并获得最大收益，将是我们研究的主要内容。

二、Ａ类时空模式规划中姆定理的作用

一个大级别的下跌过程内部很复杂，充满了反弹、骗线等消息，存在宏观经济形势等多重变数，但唯一不变的是姆定理。因此，我们在规划 A 类模式时，姆定理的逆定理，是最好的工具。

这里以华微电子讲解。跟踪思路如下：

在周线图上，我们取破位前最后一个高点（2001 年 6 月 29 日）10.7 元（前复权）为小级别 XSM 系统的上点 H 点，我们认为下跌后的 7.1 元可能成为阶段低点，则取 2001 年 9 月 7 日的 7.1 元为 L1 点，做下降江恩线（XSM系统），如图 19-8 所示。

这个系统建立后，我们可以判断，在 HX1 线处，也就是第一个时空因子的上线 XSM 处，将面临较大压力，在 2001 年 9 月 21 日要建立一个概念，一个预期、一个规划，即未来数周内股价如果见到 HX1，将产生一个重要临界点。

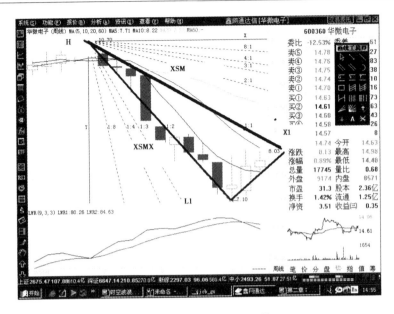

图 19-8　初步的 XSM 系统

果然，股价在两周后刚好触及 XSM 线，并马上产生了一个恐慌性下跌，如图 19-9 所示。

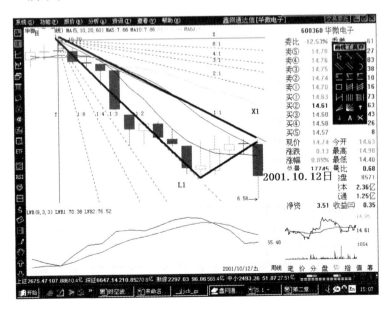

图 19-9　时空临界位置：姆定理的应用

为什么？

根据我们前述章节关于姆定理的内容：完美驱动的反弹只维持且正好维持一个时空周期。

重复以上过程继续监测股价的演化运行（见图 19-10），当股价到达 L2X2 处时，姆定理再次发挥巨大威力。

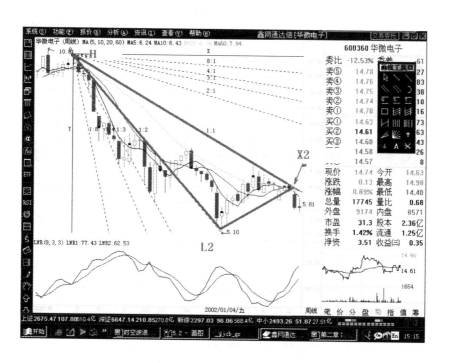

图 19-10　完美下跌驱动的持续：姆定理再次发挥作用

那么，姆定理是偶尔或者某几次发挥作用吗？

不！

只要下跌驱动力量持续，姆定理就会持续发挥作用，如图 19-11 所示，在 XSM 压制下股价再次新低。

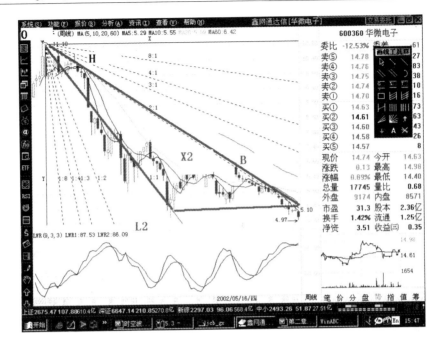

图 19-11　姆定理的持续效应

为了节约篇幅，大家可以自己跟踪画图。

但是，姆定理第一次被压制时，在第一次失效时，我们必须有足够的警觉。要知道，惊涛骇浪始于青萍之末，梦寐以求的上升驱动孕育于混沌的A-D 模型转换时期，尤其大资金操作时不可不察。

如图 19-12 所示，系统告诉我们，完美下跌驱动可能结束，一个新的走势可能正在孕育，但要等待第二个时空因子被翻越并确认。接下来，我们需要关注的是继续下跌还是继续反弹，这时候要时刻关注 XSMS 的位置。因为，根据牛熊转折定理，一旦突破 XSMS，突破这个时空因子，就形成了对C 开始的牛市反转，这个反转是牛市来临的第一缕曙光。2004 年 1 月 16 日，XSMS 被翻越，熊市波浪已经初步结束。

图 19-12 青萍之末与惊涛骇浪

而 XSMS 一旦被翻越，会有新的惊心动魄（而突破后的长阳，翻越后的巨量），运动的性质开始明显不同。从这时开始，我们要引入 NSM 系统，看牛熊转折时期的发展进程。

注意，这时，仍然没有到资金进场的时刻。

第二十章　主驱动浪的生长演化及交易对策

　　鉴于主驱动浪形成前的复杂性、主驱动浪研究的重要性，因此，将理论的演化模式和实战直接结合来讲述，以便于读者有更好的阅读体验。本章将用实例持续跟踪主驱动浪的形成，绘制应用图谱，同时给出不同位置的心态调整方法和操作纪律。

　　前述章节中有关内容做简要回顾并总结其规则：

　　（1）完美回调是主驱动浪的根本特征。

　　（2）只回调一个时空周期的波动称为完美回调。

　　（3）在一个上升主驱动持续时，细分波浪的回抽永远不超过一个时空周期。

　　（4）只要背离其中的时间、空间特征，则操作上必须引起足够警觉，减仓甚至全仓止盈。

　　（5）发掘主驱动升浪，是交易系统最重要的获利方式。因此，交易对策和仓位上，对 A-D-E 类型时空模型不做大仓位操作，我们的主要精力放在：①主驱动浪品种的发掘；②主驱动确定运行中的品种、主要关注其内部细分浪的震荡以及如何利用这些震荡降低成本；③如何利用主驱动浪的主要波段；④如何逃顶止盈。

下面以神州长城（原名深中冠）（000018）为例展开双盲实战操盘。

一、战略奇点出现以前的双盲实战（熊市跟踪术）

神州长城（000018），1992 年我们收集其全部的交易数据，发现直到 1999 年底，其上升行情都具有反弹性质，没有达到 10 倍，此后是巨大而漫长的熊市。如图 20-1 所示，漫长的熊市中最大特征是任何反弹不超越一个时空周期。

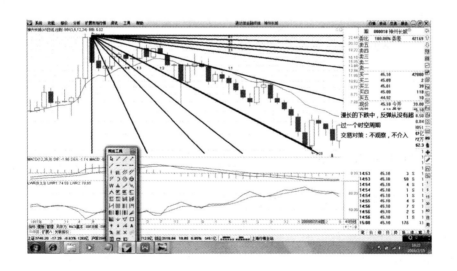

图 20-1　漫长的熊市

根据牛熊转折定理（见图 20-2），在市场出现牛熊转折的征兆后，必须时刻关注战略奇点的出现。

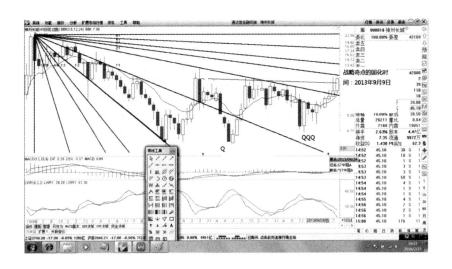

图 20-2　固化二浪之尾

（一）战略奇点的固化时间

固化时间：2013 年 9 月 9 日，股价收盘时站上牛熊转折的股价高点。我们固化 2009 年 1 月 7 日创下的低点为战略奇点 Q。

（二）固化二浪之尾

当股价转折后，需要回抽确认转折的真实性。

这次固化了细分级别的二浪之尾，固化的时间节点是站上 H 线的那一天，即 2014 年 6 月 6 日。

可以看出，这次流畅上升的起始点是 2012 年 1 月。如图 20-2 所示的 QQQ 点。

二、上升主驱动的确认及交易策略

（一）交易的开始

将 K 线周期细化为周线级别。根据前文的研究成果，我们的操作旅程即将开始。

第一步，以 2012 年 1 月的 QQQ 点为低点，以 2013 年 6 月的显著高点为第二步，建立 NSM 系统，如图 20-3 所示。

图 20-3　建立 F 模式下的 NSM 系统

在股价接触下面的 NSMX 线前，我们发现股价在高位震荡，此时的交易对策很简单，因为股价到达 NSMX 以前，所有的上升都是杂波，我们只观察不介入，即使介入也只能微仓（20%以下仓位）。

还需要指出，即使如此小的仓位，也要将月线级别的 BBI 设为止损位（2013 年 7 月位于 7.95 元），如果有效破位则坚决止损，因为在波动市、震荡市，一切皆有可能。第一持仓保护线的确定方法如图 20-4 所示。

图 20-4　持仓必设保护线，保护线首选 BBI

（二）第一持仓保护线的建立

必须指出的是，实战交易中采取保守策略非常重要。因此，我们一般将最近的止损位设在大周期的 BBI 处。正确止损位还可以用 NSM 的某个支撑线来设置。

（三）第一次买入（见图 20-5）

上述的震荡一直持续到 2014 年 4 月 18 日。在图 20-5 的末端，股价极限逼近 NSMX 线。按照前文给出的完美驱动定理，这里要建立部分仓位。当然，依然可以缓慢低吸达到20%的仓位，依然要有严格的止损保护线。

图 20-5　NSMX 线附近的小仓位试探买入

此后的买入必须在日线级别观察并进行操作。

股价发展演化如图 20-6 所示。

图 20-6　NSMX 处获得支撑但未创新高

NSMX 处的支撑是对低吸的一种肯定。

2014 年 5 月 16 日的周阳线收出后，我们必须每天观察股价，按照完美驱动定理，股价很可能处于腾飞的前夜。

（四）可以追涨吗

2014 年 6 月 6 日，股价开始如期腾飞。

我们看到（见图 20-7），在小级别的操作中，牛熊转折定理依然起作用（但我们不建议使用）。

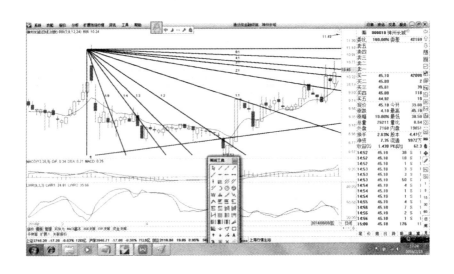

图 20-7　小级别的牛熊转折

在这个宏观时空所处的位置，所有的涨停板战法、均线战法都是正确的，因为时间和空间都已经到达，多空筹码的交换瓜熟蒂落。

但在其他时空、其他位置，同样的图形，涨停板战法、均线战法却会被骗线，因为时空尚未均衡。

（五）新高后选择加仓

神州长城股价从 8 元上涨到 24 元，我们选择在关键位置止盈 70% 的仓位，剩余仓位为未来的震荡做准备。关键位置是图 20-8 的 NSM 中线位置。在这个压力位，股价有充裕的时间供我们止盈。

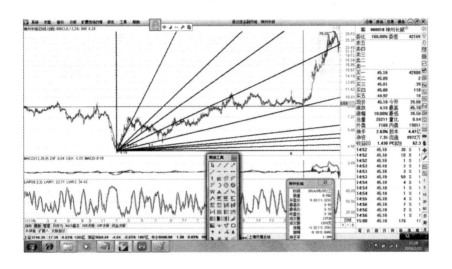

图 20-8　NSM 中线的位置

三、不传之秘：SQUARE 定理

提前 6 天 SUQARE 定理给出止盈位，我们选择 27 元止盈 70% 的仓位，如图 20-9 所示。

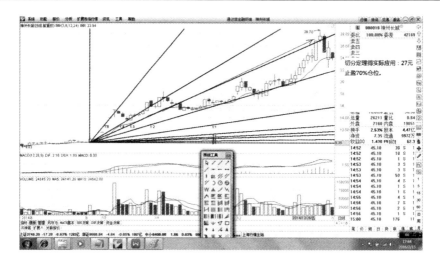

图 20-9　SUQARE 定理

SUQARE 定理，本书不做介绍。

固化二浪之尾也是一个关键，价值万金，读者可以自悟。

SUQARE，即所谓正方，时间价格形成正方。江恩说，转市就在眼前。

附录 神秘的 0.406 机制

一、完美主驱动中的 0.406 机制

附图 1 是中国上证指数从 1991 年运行的 K 线图。在这张图中采用了对数坐标，45 日 K 线。

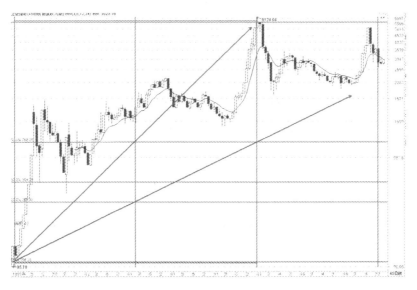

附图1 上证指数全景

将附图1进行颠倒形成附图2，将附图2简单化、抽象化形成附图3。

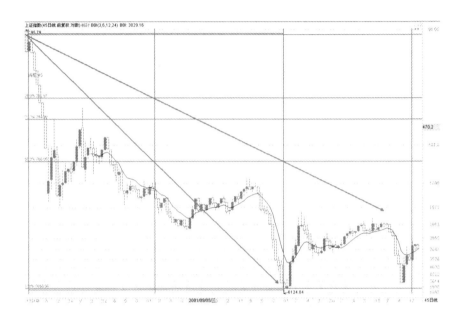

附图2　颠倒并抽象化

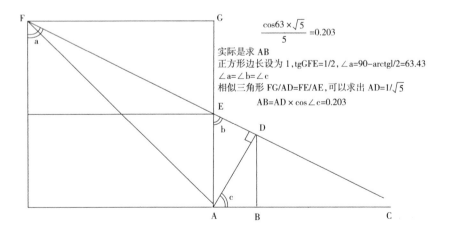

附图3　附图2抽象化后，绘制基础江恩角度线

按照江恩角度线最传统的画法，其中，AB 段代表反弹的时间，经精确计算 AB/FG = 0.203。

在完美驱动中，任何反弹持续且仅持续 0.203 或者 0.406 的时间。

在完美驱动中，这个比率到处存在。

在股票交易中，56 个月乘以 0.203 大约等于 11.36 个月，股价见底。什么意思？就是说，只要我们确认了下跌 56 个月已经结束，那么，即将开始的反弹将持续且只能持续 11.36 个月。

这就是神秘的 0.406（0.203）机制。

二、偶然还是必然

黄金月线上涨了 272×2 = 544 个月（见附图 4）。

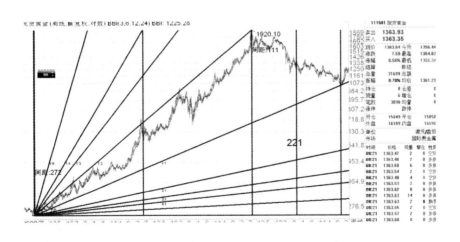

附图 4　黄金内部的 0.406 机制

544×0.406＝220.86（月）。

回调实际发生了 221 个周期。误差 1.14 个周期，5% 不到。

上证指数上涨了 57 个周期（见附图 5）。

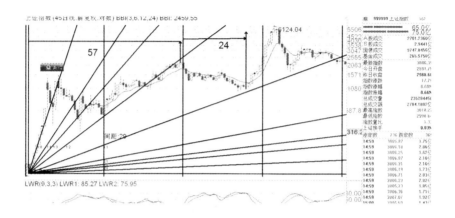

附图 5　上证指数中的 0.406 机制

按照我们的 0.406 机制，预期的回调时间为 57×0.406＝23.14 周期。

实际调整了 22～24 个周期。误差一个周期，5% 不到。

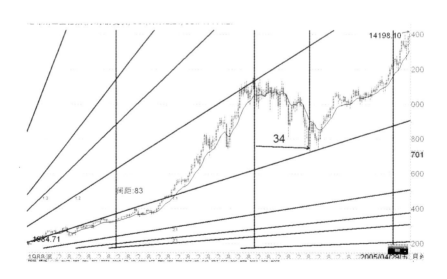

附图 6　道琼斯工业指数中的 0.406 机制

道琼斯指数连续上涨了 166 个周期（见附图 6），按照我们的 0.406 机制，未来发生的回调将持续 166×0.203＝33.70 个周期。

附图 6 中，实际调整了 34 个周期。

有兴趣的朋友可以打开软件验证一下，低点和高点都是历史数据，取点不以人的意志为转移。

三、黄金三角与波动率

附图 7 由附图 3 延长演化而来。

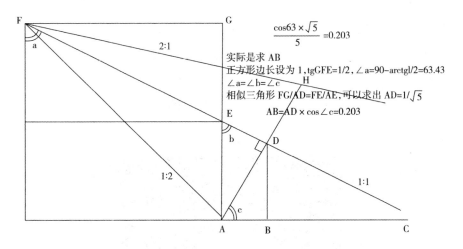

$$\frac{\cos 63 \times \sqrt{5}}{5} = 0.203$$

实际是求 AB
正方形边长设为 1，tgGFE=1/2，∠a=90-arctgl/2=63.43
∠a=∠b=∠c
相似三角形 FG/AD=FE/AE，可以求出 AD=1/$\sqrt{5}$
AB=AD×cos∠c=0.203

附图 7 神秘的江恩波动率图谱

将附图 3 中的 AD 延长，交 2：1 线于 H 点。三角形 FAH 中∠AFH 约等于 36°，FA＝FH，因此三角形 FAH 构成以 F 为顶角的黄金三角形。

FH 即熊市生命系统中的熊市生面线上线：XSMS。

FD 即熊市生命系统中的熊市生面线中线：XSM。

FA 即熊市生命系统中的熊市生面线下线：XSMX。

这样，XSM 系统中诸多时间和价格间比率都是确定的，一个趋势确定后，未来内部的比率自然确定好。

这既是波动率真正的内涵，也是本书理论和操作的自然科学基础。

无论什么品种，无论什么周期下，主驱动内 0.203 永不变。

精确数字是附图 7 中包含 cos63°那个数式。

江恩波动率即 0.203。

四、螺旋生长与耗散结构演化法则

黄金三角形的核心比率是黄金分割：0.618。

巧合的是，黄金分割是螺旋生长中最隐秘的法则。

附图 8　星际演化

宇宙按照螺线生长演化运动。6500 万年以前和恐龙一起灭绝的海洋生物菊石属于阿基米德螺旋。

菊石的现代亲戚、生长迅速的鹦鹉螺，其外形就是一种巨大的对数螺线。准晶体结构、高分子、太阳系间行星距离、海浪旋涡等，都是黄金螺旋分型。生物界中螺旋形状大多为近似的黄金螺旋——海螺壳、海马的尾巴、植物叶子、花和果实表面排列等。生命的生长遵循螺旋法则。开放的系统演化遵循螺旋法则。这就是耗散结构中自组织给我们的启迪。

股市、外汇、期货作为大的复杂开放系统，会不会确实有其内在的自然法则在起着一定的作用，甚至决定性的作用？

未来，我们将沿着这个思路进行更深入的研究，敬请关注本系列丛书。

后　记

骑士的时代已经过去，随之而来的是智者、经济学家和计算机天才的世界。

——［英］埃德蒙·伯克

我们是幸运的一代，因为我们正在见证人类的飞升。学界有观点认为，人类过去 30 年的积累超过了过去 300 年的积累，而过去 300 年的积累，超过了人类已有 6000 年文明史的全部积累。

本书的宗旨在于，以一种科普的、简单的、基础的方式，试图阐明金融市场的现实。一方面可理解为，研究金融市场波动曲线生长的自然法则，即波动生命体内在的生长自然规律；另一方面可解读为，实际上是为未来的量化交易服务，以及为设计数学交易系统做理论层面的思想准备和铺垫。该系统中真正有突破性和实战交易价值的部分，将在直播教学里进行详细和深入的解读。

投资探索是辛勤的研究、客观的分析、耐心的观察历史的发展。本书即将结束之际，希望提一些个人的观点，以总结人与世界、经济与历史、金融理论与实践的思考。人的因素是最核心的因素，世界是无限熵的混沌，即便能够有序，也只是沧海桑田里的昙花一现，只有人是序参数，持久而坚定的序参数，犹如黑暗里的一束光。影响经济体系的波浪运动，即经济繁荣过后的衰退，萧条之后的增长，这看似无序的波浪，既是经济自然法则的周期，也是人为政策干预的结果，而实则内有规律的波浪需要准确的衡量与有效的记录。有关金融理论的专著，我的个人图书馆里有150多本，有的讨论经济史、金融史，有的研究策略和市场，有的专注于数据与图形分析，很多专著提出了不俗的思想与绘图方式，它们是真正值得深度学习和珍藏的瑰宝，仅仅当阅读消遣远远不够，更重要的是在实践中不断积累专业知识和相关经验，否则根本无从了解理论的精妙之处。

如果你明确界定自己的哲学，坚定遵守并掌握了节奏的重心，那么就可以避免像绝大多数人那样一败涂地。在学习和实践时，务必请保持虚灵诚敬的心，务必请保持求解自然法则的心，务必请保持将自己的内心与曲线波动融为一体的心，通过自然科学的结构把握和分析市场波动的真正内涵，如此在市场的惊涛骇浪与暗礁险滩中，方能宇泰安定，逍遥自若，物我一体。